Los zapatos del
INMIGRANTE
y otros escritos

edición definitiva

Los zapatos del
INMIGRANTE
y otros escritos

Eduardo Barraza

Hispanic Institute of Social Issues
Mesa, Arizona | 2011

Edición Definitiva

Cover photograph:
"Tent City" Jail inmates chain-gang pick up trash
in Maricopa County, Arizona.

Copyright © 2011 by Eduardo Barraza

Book cover and interior designed by Yolie Hernandez
Cover and interior photographs by Eduardo Barraza
Published by the Hispanic Institute of Social Issues | HISI

HISI
PO Box 50553
Mesa, Arizona 85208-0028
480-983-1445 | hisi.org

Library of Congress Cataloging-in-Publication Data
Barraza, Eduardo
Los zapatos del inmigrante y otros escritos / Eduardo Barraza —3rd. ed.
pp.193

ISBN 13: 978-1-936885-06-0
Printed in the United States of America.

*A quienes han dejado sus lugares de origen,
con el afán de buscar un futuro mejor.*

Índice

Introducción

Cuando mencionamos la palabra "inmigrante", generalmente nos referimos a ella en términos de legalidad o ilegalidad, y siempre dentro del contexto de nuestro entorno geográfico, de nuestra realidad fronteriza, o a causa de nuestra propia procedencia emigrante. Pero, ¿quién es un inmigrante?

Antes de que existieran las fronteras, ya existían los inmigrantes. El ancho y espacioso planeta propuso al ser humano la posibilidad de encaminarse a nuevos horizontes, a tierras desconocidas, y movió a miles de personas a efectuar peregrinajes voluntarios o forzados, descubriendo así geografías ignotas y arriesgadas, en donde erigieron asentamientos humanos y fundaron nuevas naciones.

Fue sudor de inmigrante el que amalgamó el cemento que edificó nuevas civilizaciones. Fue sangre de inmigrante la que tiñó de rojo las banderas de naciones pequeñas y grandes. Y fue la vida y la muerte de quienes quedaron en el camino lo que inspiró a levantar altares que simbolizaron el valor del caminante.

Pero ¿que decir de nuestra propia identidad y origen? ¿No llegamos hasta aquí porque en tierras lejanas nuestros ancestros nos embarcaron en sus entrañas y nos sembraron en este suelo que llamamos nuestro, el cual fue para ellos tierra extranjera? Además, ¿quién puede asegurar que el nativo de hoy no se convertirá en el inmigrante del mañana, y que el inmigrante no se convertirá algún día en nativo?

¿Fue el inmigrante europeo que huyó de la monarquía mejor que el inmigrante latinoamericano que escapa hoy de la pobreza?

¿Fue más heroico cruzar el océano en un barco que transitar hoy el desierto marchando al ritmo de un par de zapatos?

Sí el caminante muere en su trayecto ¿es la humanidad de un inmigrante de piel oscura menos valiosa que la de uno de piel clara? ¿Renuncia un ser humano a tener hambre y sed, frío y calor, sueño y cansancio, solamente porque cambia su piel nativa por una emigrante? Cuando se le desnuda de todo desprecio, de todo prejuicio, de toda discriminación, y de todo rechazo, ¿no es el inmigrante simplemente un ser humano?

El inmigrante es un monumento en movimiento que pregona en silencio el legítimo derecho a la búsqueda de una vida mejor. Con su frágil efigie y su caminar por rutas clandestinas, el emigrante simboliza el palpitar de la necesidad humana. Para estas almas errabundas, traspasar fronteras políticas no es un capricho demográfico, sino el apremio de huir de la guerra, la pobreza y la persecución, o por la imposibilidad de permanecer en áreas devastadas por desastres naturales, que turban su paz nativa y les dibujan un rostro de geografía rota.

El inmigrante es un ser sin latitudes ni coordenadas. Su brújula es la dimensión de su propia migración. La incertidumbre es su itinerario, y sus zapatos, el único escudo para sus pies peregrinos, que buscan en cada jornada una quimera, y en cada quimera una tregua. El inmigrante es, finalmente, el eco contemporáneo de un clamor primitivo que reverbera en las veredas milenarias; una voz que recorre la acordonada geología de un planeta que nació sin fronteras.

Cuando regresamos a nuestro contexto migratorio, recordamos que nuestro sueño se torna en pesadilla, al acudir cada mañana al drama de enumerar las vidas rotas de los emigrantes que cruzan el desierto. Y nos volvemos a ver en el espejo de nuestra realidad para preguntarnos qué vamos a hacer con el desprestigio y la indiferencia que le hemos impuesto al emigrante moderno. Nuestra supuesta compasión combate con nuestra impiedad para decidir si permitiremos que las púas de los alambres del desprecio y el rechazo se claven en las frentes de estos seres desterrados por su desgracia oriunda, o si les emanciparemos con una amnistía moral ofrendada a sus almas emigrantes.

Aún tenemos que resolver si consentiremos que nuestro orgullo se levante cuando nos sentamos a la mesa a comer un fruto que se vuelve prohibido, por disfrutarlo a sabiendas que fueron las mismas manos inmigrantes que condenamos las que lo recogieron de la tierra. O, si por el contrario, encorvaremos nuestra presunción en penitencia cada vez que veamos la espalda de un trabajador que se arquea para lanzar la flecha de su denodada labor.

Todavía tenemos que reevaluar nuestra semántica prejuiciosa y lavar nuestro vocabulario con el jabón de la condescendencia, y anular de nuestro diccionario de justicia social los adjetivos que denuncian nuestro léxico despectivo, con el que medimos la longitud de nuestra estatura humana, al proferir palabras como "mojado" o "ilegal".

Desnudémonos hoy de nuestra supuesta jactancia nativa, y condescendamos con el inmigrante. Al hacerlo constataremos que en la desnudez de su condición humana, su situación transitoria es un espejo que descubre nuestra verdadera identidad y nos recuerda nuestro destino final, en el que no somos diferentes, superiores, ni mejores a él.

Después de todo, el corazón pasajero de un inmigrante nos debe recordar a todos por igual que nuestras vidas son efímeras; que somos peregrinos en nuestra jornada existencial. En ese sendero, todos somos emigrantes, hasta que se demuestre lo contrario.

Los zapatos del
INMIGRANTE
y otros escritos

Las fronteras
Amplitud de horizontes

¿Son las fronteras principio o fin? La pregunta pudiera evocar un pasaje del *Pedro Páramo* de Juan Rulfo: *"El camino subía y bajaba; «sube o baja según se va o viene. Para el que va, sube; para el que viene, baja»".* Lo mismo pudiera decirse de las fronteras: son principio para el que comienza, y final para el que termina.

El ser humano odia o ama las fronteras. Las odia cuando se le presentan como obstáculos, barreras, o límites; las ama cuando las descubre como horizontes, ensanches y principios. Lo mismo las impone que las traspasa, las bendice que las maldice. Una frontera puede ser brecha o puente, salida o entrada, vida o muerte, pero nunca tierra sumisa a la indiferencia, siempre desafiando y provocando a todo al que se le acerca. Así, una frontera es puerta del cielo o del infierno, pero difícilmente es ambiguo purgatorio.

Las fronteras son plataformas donde los sueños se transfieren a otra realidad, tribunas sobre las cuales se pueden redimir suspiros y lamentos, foros de expatriados, y génesis para quienes eluden epílogos y atardeceres. O son sepulcros sin lápidas ni distinciones, tumbas calladas donde el caminante caído queda sin réquiem ni oración, cónclaves de almas errantes, crepúsculos que se alargan como las sombras de los que emigraron.

Las fronteras son cicatrices del planeta que hieren o sanan, unen o rasgan, gritan o callan. Se extienden como fisuras terrestres sobre la superficie, y por ellas naciones y pueblos hacen la guerra o acuerdan armisticios, en una lucha interminable por poseerlas o defenderlas. En el afán de conquistarlas, miles de vidas son sacrificadas, porque es imposible borrar una frontera antigua o trazar un nuevo lindero sin usar como tinta la sangre.

De las fronteras se dice que son tierras de paso, identidades geográficas pobres y feas, como la cara de una muñeca sucia y rota. Pero quizás pudiéramos hoy, en una convención fronteriza, invocar a los pinceles poéticos de Sor Juana, y parafrasear: "Hombres necios que acusáis, a la frontera sin razón, sin ver que sois la ocasión de lo mismo que culpáis". ¿No han sido la erosión y la marea humana las que han mancillado su virginidad colindante, y marchitado su rostro limítrofe, adjudicándole una reputación prostituida a su abandono aledaño?

Son estas zonas adyacentes ventanas con vidrios rotos. Por ellas nos asomamos a lo incógnito y profano para palpar con nuestros ojos la cercanía de lo lejano y curiosear con la imposibilidad de lo deseado. O son trincheras de resentimiento y enemistad donde se parapeta nuestro agravio en contra de "el de al lado", a quien siempre consideraremos peor que nosotros, aunque codiciemos sus dominios.

A lo largo de estas orillas, en donde la patria se arrincona y el nacionalismo se estrecha, el ser humano existe y subsiste entre muros, alambradas, cercas y puentes. Las fronteras son escenarios de su tragicomedia, en la que se escabulle por túneles clandestinos, pavimentados de expectaciones y desalientos, haciendo malabares en atrevidas ferias de contrabandos, nadando en la marea del bullicio lingüístico, o integrándose al desfile de rostros inéditos como un ilustre desconocido, marchando a la cadencia del hormigueo incesante y multitudinario de almas en tránsito.

Vilipendiadas como son, empero, las fronteras siempre reservan un nuevo amanecer para el lugareño, a quien la frontera le ofrece, por el precio de unos cuantos pasos, la promesa de convertirlo en extranjero y transferirlo a otro mundo en un abrir y cerrar de ojos, como el obturador de una polaroid, que congela la sonrisa apurada bajo el sombrero artificial, perpetuando así el momento de la fuga hacia el micro-universo vecino.

Las fronteras deletrean la dualidad de espacios contiguos, y expresan territorialmente la geografía de la imaginación humana, siempre en búsqueda de nuevos y más amplios horizontes. Son un espejo de tierra que refleja las delineaciones que el ser humano concibe y traza en su propio pensamiento, el cual transita secretamente desde el frontal de su deseo hasta el occipital de su ambición. Las fronteras enuncian, por tanto, la amplitud y la estrechez yuxtapuestas del raciocinio humano, que extiende o limita, edifica o traspasa, y permite o prohíbe.

Al final, la esencia opuesta de las zonas fronterizas se torna en una penitencia: entre más profunda la división, mayor la atracción. La demarcada faz de la tierra, en consecuencia, continuará emancipando o acordonando al corazón humano. Y según del lado donde haya nacido, el ser humano seguirá preguntándose si son las fronteras principio o fin.

Los zapatos del inmigrante
La patria, nostalgia en la distancia

Durante algún tiempo la idea estuvo en su mente, hasta que un día no lo pensó más y, con unas pocas pertenencias y un puñado de dinero, emprendió el viaje hacia el norte. El entorno de su limitada geografía fue insuficiente para el gran anhelo de una vida mejor. Así, mediante una metamorfosis social, el nativo se transformó en inmigrante.

La apariencia foránea se reveló en su rostro. El semblante pueblerino, plasmado en su rostro erosionado por vientos lejanos, se transmutó paso a paso en rasgos extranjeros. El acento de su voz, conocido para los que lo vieron nacer y crecer, es ahora un conjunto de sonidos extraños que denuncian su lengua forastera.

El paisaje campestre lo lleva estampado en el alma, y sus zapatos de inmigrante marcan la cadencia de la tristeza y la esperanza mezcladas. En el terruño quedaron las manos curtidas que lo sustentaron, los senos que lo amamantaron, los hermanos y amigos, la maestra que le enseñó las primeras letras, y la escuela de ladrillos en donde entonó las estrofas de su himno nacional.

Su identidad nacional es ahora su credencial de extranjero. Sus palabras más elocuentes resultan infructuosas: las condiciones de su anhelada prosperidad están escritas en un idioma desconocido. Mientras más trata de aferrarse a sus propias raíces, su auto-estima se desvanece, y al mismo tiempo, sin que lo pueda evitar, una prejuiciosa reputación de advenedizo lo señala.

La tierra nueva es un refugio transitorio para la aflicción que le causa la nostalgia, su entrañable compañera de viaje. La inesperada cultura, un enigma que quizá nunca pueda penetrar.

Sus pensamientos, inexpresables. Solamente el tiempo dirá si su crónica tristeza gris será teñida por el verde de los billetes, ganados con el afán de su frente.

¿Acrisolarán la discriminación y el desprecio su corazón de inmigrante? ¿O quizás lo contaminará el rechazo social? ¿Se ceñirá su carácter al nuevo ropaje, o su indumentaria nativa lo delatará por siempre? ¿Logrará nadar con la nueva corriente, o se ahogará en su intento de permanecer fiel a la corriente del río de su pueblo? ¿Hablará su lengua el idioma del blanco, o se quedará muda, comprimiendo en la mente sus brillantes pensamientos callados?

Inexorablemente, un día despertará de una siesta vespertina, dramatizada por un crepúsculo majestuoso, y una sensación delirante lo impulsará a levantarse para salir a caminar por las calles de su pueblo, y visitar a sus amigos. Un escalofrío lo estremecerá al recordar que la patria está distante, en una latitud casi inexistente de un mapa en que la geografía se transfigura en quimera. Entonces, las memorias de lo que dejó atrás partirán perennemente su alma en dos: mitad nativa, mitad inmigrante.

Los jornaleros
Sudor en oferta y en demanda

Antes de que los rayos del sol bronceen el pavimento de las calles del área metropolitana de Phoenix, de entre las penumbras agonizantes de la noche, comienzan a aparecer siluetas oscuras y silenciosas. Son las siluetas de hombres trabajadores que se levantan antes que el sol mismo se eleve detrás de la Montaña Superstition. A lo largo de las banquetas aún adormecidas, el eco de los pasos de estos hombres de manos diestras comienza a despertar no sólo a la mañana, sino una nueva esperanza de trabajo y dólares.

Cuando la aurora comienza a revelar las identidades de estos hombres, la escena habitual para cientos de automovilistas y peatones vuelve a ser la misma: hombres parados en las esquinas, en los terrenos baldíos, en las paradas del camión, o en cualquier lugar visible. La presencia callejera de estos hombres sin empleo permanente se torna en un evento extraño, casi amenazante para los ojos de quienes no están acostumbrados a ver concentraciones públicas en las calles, como en Latinoamérica, en donde la calle no es un simple camino de tránsito, sino un sitio de reunión para los ociosos y los desempleados.

Lo primero que llama la atención de estos hombres, quienes han sustituido el sombrero nativo por la gorra de béisbol, y las botas por los tennis shoes, es su paciencia. Pueden estar dos, tres o más horas esperando de pie al posible "empleador" que los levante, lo cual es a veces imposible. Manos en los bolsillos; mirada ansiosa y desconfiada; imperturbabilidad sobre los hombros que no sólo soportan costales de cemento o postes de madera, sino también el reproche de una sociedad que se inquieta por su presencia, pero que demanda su mano de obra barata, ocasional, y sin compromiso.

Ayer, estos hombres edificaron muros, cortaron césped, cargaron muebles en una mudanza, mezclaron cemento; regaron la poderosa infraestructura estadounidense con el sudor de su empeño. Mañana quizás haya otra jornada, o quizás no. Hoy hacen guardia en espera de que les "contraten", aunque sea por un día o unas horas. Son jornaleros, seres humanos a quienes todos critican pero muchos necesitan. Delante de ellos nos ponemos la máscara del disimulo, hasta que la necesidad de mano de obra barata nos quita la careta.

Se rumora que a los jornaleros se les va a quitar de las calles, porque su presencia es desagradable. Pero hasta donde se sabe, estos trabajadores estuvieron parados ayer en espera de trabajo. Alguien dijo que hoy también se les vio ahí, en el lugar de siempre. Pero, ¿qué dicen los mismos jornaleros? Dicen que estarán ahí mañana, como de costumbre, antes que salga el sol. Estarán ahí mientras alguien les siga buscando, o hasta que los convenzan de que nadie vendrá a contratarlos. Ellos saben que son la oferta para la gran demanda de sudor.

Epimenio Quintero
Labor a la mexicana

Debajo de la cachucha de béisbol, los ojos de un hombre de baja estatura observan cuanto vehículo entra y sale del estacionamiento de la tienda *Home Depot*. Son los ojos de "El Guarache", como apodan sus conocidos a Epimenio, que atento busca cualquier señal de un algún conductor que le llame para un posible "jalecito". En el "parkeadero" de esta tienda abundan las "trokas", manejadas por contratistas y subcontratistas que llegan al *Home Depot* a comprar material de construcción, y muchos de ellos a buscar mano de obra barata y clandestina.

En un grupo de aproximadamente dos docenas de hombres, Epimenio es otro "ilegal" más, como se les llama, despectivamente, a quienes no tienen documentos, o al menos un permiso de trabajo en Estados Unidos. La cuadrilla de hombres de manos hábiles y disponibilidad inmediata, se congrega día a día en lo que con buena razón ellos consideran un sitio estratégico para encontrar trabajo. Afuera del *Home Depot*, y con la noción más elemental de oferta y demanda, Epimenio y otros, así llamados, jornaleros, se constituyen en piezas de un ajedrez laboral que con ambigua actitud les busca y les rechaza.

En el contexto socioeconómico estadounidense, Epimenio ocupa uno de los niveles más bajos tanto en la escala de sueldos como en la de clases sociales. Un jornalero indocumentado como él, dentro de la estratificación poblacional y racial del área metropolitana de Phoenix, apenas alcanza el título de paria, y es quizás inferior a un "*homeless*" o indigente, que es ciudadano norteamericano, y casi por seguro veterano de la guerra de

Vietnam. Irónicamente, hombres como Epimenio son artífices –sin reconocimiento oficial– de la industria de la construcción de viviendas. Algo así como los esclavos Hebreos, de quienes se dice construyeron las pirámides de Egipto, y a los que liberó el patriarca Moisés.

No pocas veces, Epimenio Quintero, originario de Ciudad Neza, al este de la Ciudad de México, ha sido llevado a trabajar por hombres que fortuitamente lo "contratan" para desempeñar labores variadas y pesadas. Con un simple acuerdo verbal entre "patrón" y "empleado", a veces en menos de un minuto se apalabran y se alejan rumbo al lugar de trabajo. Él nunca dice que no.

"Hay que arriesgarse; después haber qué sale" —dice.

Y lo que a veces "sale" es que le pagan menos de lo acordado o no le pagan nada.

Epimenio, de 27 años de edad, terminó la primaria y el primer año de secundaria en su natal México. Cuando cursaba el segundo año, su papá murió inesperadamente.

"El último día que fui a la escuela –recuerda– fue para que a mí y a mi hermano nos juntaran una 'coperacha' para el entierro. Una maestra nos llevó a todos los salones de la escuela para que nos echaran dinero en un bote vacío de leche Nido. Después ya nunca volví a la escuela".

Pocos años más tarde, para ganarse la vida, "El Guarache" resultó plomero, albañil, y vendedor.

"La verdad yo no era nada. Bueno, si vendía pantalones en los tianguis. De plomero o albañil, ahí nomás me las averiguaba como pude".

"¡Órale 'Guarache', si aquí en 'gringolandía' tampoco eres nada!" —le grita otro jornalero que le escucha, riéndose, apenas blanqueándole los dientes en su cara oscurecida por la sombra de su cachucha.

"Cálmate paisa" –le responde Epimenio en tono humorístico– "¡sí aquí yo soy un 'milusos' internacional!"

Epimenio cree ser un "*multi-skilled worker*", el equivalente de un "mil-usos" en México. Lo mismo trabaja —dice— en "jales" o trabajos de jardinería que de construcción, de limpieza o de mudanzas. "Jalecito aquí, jalecito allá", Epimenio se gana sus dólares, "a veces más, a veces menos". Con frecuencia pasa días sin trabajar, pero se resigna al acordarse de su efímera experiencia como vendedor en México.

"En el tianguis había veces que ni me persignaba; ya estoy impuesto..."

"El Guarache" es uno de los miles de hombres que han entrado a Estados Unidos sin papeles, provenientes de México o del resto de Latinoamérica. Sin documentos legales, ni entrenamiento formal, y sin saber inglés, Epimenio está limitado de prosperar en esta sociedad, pero aún así, gana más dinero que en México.

"Sí quiero meterme para aprender caló" —dice refiriéndose al inglés. "Fui a una escuela de inglés una vez, y le pregunté a la maestra que qué quería decir 'Mexican space rocket'. Ella escribió en el pizarrón: COHETE ESPACIAL MEXICANO".

Días antes, Epimenio había leído esa frase escrita con un marcador de tinta negra adentro de un inodoro portátil, de los que se colocan en los sitios de construcción de casas nuevas para que lo usen los trabajadores. Entonces supo que seguramente algún "gringo" había escrito eso en el panel del sanitario portátil para insultar a los mexicanos como él.

"A veces mejor ni quiero aprender *tatacha fú** porque me da más coraje entender. De todos modos, para aprender las groserías en inglés no tengo que ir a una escuela".

La conversación se interrumpe cuando una "troka" se acerca al grupo de jornaleros. Al darse cuenta, Epimenio y todos los demás corren rumbo a la camioneta "*pick-up*" con la esperanza de ser "contratados" por el conductor. Con un ademán fugaz de cortesía, "El Guarache" todavía voltea y grita:

"¡Espérate carnal, a ver si me sale este 'jale'!"

* El caliche, caló o tatacha fú es el lenguaje empleado por los sectores más marginales de la sociedad mexicana. Podría decirse que es una especie de jerga a la que sólo tienen acceso algunos "privilegiados". Algunos se refieren al idioma inglés como tatacha fú, por ser un lenguaje que no entienden.

Trabajo, sol y cadenas
Las cuadrillas de inmigrantes presos en Arizona

A la distancia, la escena de varias cuadrillas de trabajadores pudiera semejar a campesinos labrando la tierra de Arizona. Pero la similitud con un grupo de trabajadores agrícolas es un mero espejismo, producto quizás del ardiente sol de Arizona bajo el cual estos hombres equipados con herramientas de trabajo, guantes y cantimploras, desempeñan otro tipo de labores.

De cerca, las cadenas y candados sujetados a sus botas de trabajo, los uniformes de franjas negras y blancas, y las camisetas color rosa que visten los identifican no como jornaleros levantando una cosecha, sino como presos recogiendo basura en un terreno baldío.

Presos de una cárcel del Condado Maricopa llamada "La ciudad de las carpas", y quienes a pesar de ser parte de un programa voluntario de trabajo realizan tareas forzadas, al no tener otra alternativa mientras se encuentran recluidos en uno de los centros carcelarios al aire libre más controversiales del mundo.

Hastiados del encierro y sin su libertad a la vista, la opción de recoger basura y remover maleza seca fuera de la cárcel les resulta más atractiva que el fastidio cotidiano, aunque tengan que soportar la atención de los medios de comunicación, el escarnio público y trabajar en el insoportable calor de Phoenix, Arizona.

Los internos de "La ciudad de las carpas" que forman esta *"chain gang"* —o grupo de reos que trabajan encadenados juntos— son parte de la nueva y primera cuadrilla encadenada compuesta en su totalidad por inmigrantes indocumentados. "Ilegales" —como les llaman despectivamente— a quienes además de vivir y trabajar sin documentos en Estados Unidos, la policía detuvo mientras manejaban en estado de ebriedad.

Para estos inmigrantes, el horizonte inmediato está lleno de basura que tienen que recoger bajo la atenta vigilancia de los agentes armados del departamento del sheriff de Maricopa. En cambio, el panorama de su permanencia en Estados Unidos está lleno de inseguridad, pues sin un estatus legal que los proteja de una casi segura deportación, y habiendo sido culpables de manejar bajo los efectos del alcohol, estos reos encadenados enfrentan temporalmente no solamente el calor, las cadenas y el trabajo forzado, sino también un presente irónico y un futuro fuera de la tierra a la que llegaron buscando mejores oportunidades de las que tenían en su suelo nativo.

Así, estos inmigrantes que un día decidieron dejarlo todo desde quién sabe dónde y arriesgarse a cruzar la peligrosa frontera, hoy se encuentran privados de su libertad, sin mayores expectativas de encontrar la prosperidad que se imaginaron, y en una de las más desventajosas situaciones en un estado y en un país en donde ya de por sí ser indocumentado es sinónimo de ser criminal. Esto sin contar la censura y el abucheo de una sociedad que reprueba, con mucha razón, a quienes conducen un vehículo borrachos, tengan o no tengan papeles.

"La ciudad de las carpas"
La famosa y al mismo tiempo infame *"Tent City"* o "La ciudad de las carpas", es la creación del Sheriff Joe Arpaio, jefe de la policía municipal de Maricopa y quien ha alcanzado notoriedad a nivel mundial a través de varias décadas, gracias a sus prácticas carcelarias, entre otros aspectos. Maricopa es el municipio más poblado de Arizona y uno de los más grandes de Estados Unidos.

"La ciudad de la carpas" es en realidad una extensión de una de las cárceles del condado. En 1993, el sheriff adquirió varias tiendas de campaña o carpas sobrantes del Ejército de Estados Unidos y las mandó instalar para servir como cárcel al aire libre.[1]

Las instalaciones dan cabida a unos 2,000 internos, los cuales han sido culpables de crímenes no violentos, como manejar bajo la influencia del alcohol. En julio de 2011, la cárcel tenía alojados a aproximadamente 1,500 reclusos.

El proyecto completo consistió en agregar bases de cemento para colocar las carpas, alambrado de seguridad, así como alumbrado y otro cableado eléctrico. Más tarde se añadirían dos torres de vigilancia y otros dispositivos para la observación y seguridad de esta cárcel, la cual muchos han comparado a un campo de concentración.

Aunque la idea del Sheriff Arpaio fue evitar que presos en espera de su juicio tengan que ser puestos en libertad por falta de espacio en los edificios de las otras seis cárceles del condado, para quienes saben que durante el verano la temperatura en Phoenix, Arizona —en donde se encuentra localizada esta cárcel— puede fluctuar entre 115 a 120 grados Fahrenheit (46 a 49 grados centígrados), no es difícil imaginarse las condiciones climáticas a las que los presos de "La ciudad de las carpas" se enfrentan entre los meses de junio a septiembre.

El 2 de julio de 2011, unos diez días antes de que el Sheriff Arpaio enviara a las calles a la cuadrilla encadenada de inmigrantes indocumentados, él mismo acudió a "La ciudad de las carpas" a medir la temperatura bajo las tiendas de campaña. Su termómetro registró 145 grados Fahrenheit (63 grados centígrados).[2]

A pesar de estar bajo la sombra, la temperatura es mucho mayor que la normal bajo las tiendas de campaña donde se encuentran los presos, debido a que las mismas pueden producir un efecto similar a la de un horno.

Eso pudiera explicar la razón por qué algunos internos de "La ciudad de las carpas" prefieren darse como voluntarios para formar parte de las "chain gangs", o cuadrillas encadenadas, pues el calor fuera de las tiendas de campaña es menor que el que se registra bajo de ellas.

El "alivio" de trabajar encadenado de los pies a otros reos

recogiendo basura bajo los rayos directos del sol solamente dura unas horas, y no es una tarea que los internos lleven a cabo todos los días. Momentáneo como es, éste "escape" breve saca del pequeño infierno de "La ciudad de las carpas" a inmigrantes indocumentados presos por manejar bajo la influencia del alcohol como el recluso Reyes Díaz.

"Ahorita todos deseáramos estar en México..."
El Sheriff Arpaio introdujo por primera vez en Phoenix la cuadrilla encadenada de presos hombres y la única que existe de mujeres en 1994 y 1996, respectivamente.[3]

Una *"chain gang"* consiste de un grupo de prisioneros que son encadenados juntos para llevar a cabo trabajos diversos y pesados como parte de un castigo. Algunos de esos trabajos pueden incluir picar roca en una cantera, cavar zanjas o construir carreteras, por ejemplo. El sistema de cuadrillas de trabajadores encadenados fue empleado principalmente en partes del sur de Estados Unidos después de la Guerra Civil.

A mediados de la década de los años 90s, algunos estados trataron de volver a usar las *"chain gangs"* supuestamente para tomar una postura más estricta contra los criminales. El estado de Alabama, situado al Este de Estados Unidos, fue el primero en revivir esta práctica. El experimento fallido duró menos de un año, excepto en el Condado Maricopa, en donde aún se llevan a cabo en el año 2011 bajo el régimen del Sheriff Arpaio.

"El sheriff más duro de Estados Unidos", como se publicita a sí mismo Joe Arpaio, decidió estrenar su cuadrilla encadenada de presos indocumentados el 12 de julio de 2011, mismo día en que se llevaría a cabo el "Juego de las estrellas" de béisbol en la ciudad de Phoenix.

Su intención, de acuerdo a él mismo, era enviar un mensaje a los asistentes del partido acerca de los peligros de manejar bajo la influencia del alcohol. Sus muchos críticos opinaron que se trataba de otro truco publicitario por los que Arpaio es bien conocido.

Sin embargo, citando aspectos de seguridad, Arpaio se retractó de la idea de sacar a las calles a la *"chain gang"* el día del juego, optando por hacerlo al día siguiente, el miércoles 13 de julio de 2011.

Mediante un comunicado de prensa[4], Arpaio anunció que a partir de las 8 de la mañana comenzarían a trabajar los internos de las cuadrillas encadenadas en áreas cercanas al centro de Phoenix y adyacentes al estadio de béisbol. No obstante, la cuadrilla de indocumentados y la de mujeres llevaron a cabo sus tareas de limpieza lejos del lugar anunciado.

Entre esa cuadrilla de indocumentados vestidos con uniformes de franjas blanquinegras y con camisetas rosas encima de ellos, el recluso Reyes Díaz lleva a cabo las tareas de limpieza como todos los demás.

Reyes, originario de Sinaloa, México, es un inmigrante indocumentado que tiene 14 años viviendo y trabajando en Estados Unidos. Fue remitido a "La ciudad de las carpas" después de haber sido arrestado y consignado por manejar bajo la influencia del alcohol. El hecho de no tener papeles complica aún más su difícil situación.

De entre el grupo de trabajadores que se mueven lentamente arrastrando las cadenas que los tienen atados los unos a los otros, Reyes se destaca por ser el único que quiere hablar acerca de su experiencia. Los guardias le permiten hablar por unos minutos.

"Esto es lo contrario a lo que yo vine", dice con una expresión seria que denota también cierta tristeza. "Vine a hacer dinero, a cambiar la vida, pero ahorita prefiriera estar en México", agrega.

Reyes está casado y tiene tres hijos. La sola mención de su familia lo hace callar por unos instantes. Después continúa hablando, aunque brevemente, de su áspera situación como interno de la cárcel al aire libre.

"Está duro para venir [a Estados Unidos] y quedarse encerrado. Ahorita todos deseáramos estar en México..." Los compañeros de su cuadrilla encadenada lo escuchan sin decir nada.

Por ser inmigrante indocumentado, Reyes Díaz enfrenta una posible deportación cuando acabe de servir su sentencia en "La ciudad de las carpas". Ese es el destino casi seguro que le aguarda no sólo a él, sino a la mayoría de los que forman las cuadrillas de indocumentados después de purgar su castigo en la cárcel por haber manejando bajo los efectos del alcohol.

La escena de los presos recogiendo basura en un terreno baldío como lo hacen Reyes Díaz y sus compañeros, aparte de resultar confusa a primera vista es claramente irónica al reflexionar sobre ella, puesto que los inmigrantes que realizan el trabajo forzado vinieron a este país precisamente con esa esperanza, la de trabajar.

No obstante, el trabajo que realizan y en las circunstancias en que se encuentran, representa una paradoja que contradice su propósito original de venir a prosperar a la tierra del "sueño americano". Viéndoles trabajar cual agricultores o jardineros cuando en realidad son reos que tarde o temprano enfrentaran la realidad de ser deportados al país del que vinieron, representa ese sueño convertido en pesadilla.

Algunos, como Reyes, tratarán de presentar su caso ante un juez de inmigración para evitar ser puestos en un proceso de deportación que, aparte de enviarlos de regreso a su patria, los separaría de sus familias y les prohibiría reingresar legalmente al país por un periodo de muchos años.

"El 30 de septiembre [2011] tengo corte en inmigración..." dice el sinaloense con un actitud de confianza propia que le ayuda a visualizar su situación después de que termine su sentencia en la cárcel al aire libre. Su cita frente a un juez determinará si obtiene un estatus legal o si es expulsado del país.

Al final de la corta entrevista, Reyes Díaz contesta con cortesía la última pregunta acerca de qué hará después que salga de la situación que lo tiene encadenado y trabajando bajo el radiante sol de Arizona, condición en la cual lamenta haber caído.

"Me voy a levantar", concluye con una mirada vaga al mismo

tiempo que regresa a trabajar. La seriedad de su respuesta casi augura que así será, aunque por ahora quede la duda si lo podrá lograr en Estados Unidos o tendrá que hacerlo en su natal Sinaloa.

Interactivo: Para ver fotografías de la cuadrilla de presos en Arizona, visitar este nexo: http://www.barriozona.com/chain_gang_tent_city_inmates_maricopa_county_jail_dui_immigrants_sheriff_joe_arpaio.html

[1, 3] Mcso.org - Jail information. Tent City Jail. http://www.mcso.org/JailInformation/TentCity.aspx

[2] Temperatures rise to 145 inside Tent City. Eugene Scott - Jul. 3, 2011. The Arizona Republic.

[4] Sheriff Arpaio debuts new chain gang day after all star day game. MCSO's Press Release. Jul. 3, 2011

Las otras fronteras
Latinoamérica, ¿tropiezo o trampolín?

La ubicación geográfica de México en relación con Estados Unidos, hace del territorio mexicano una ruta obligatoria para el flujo de inmigrantes, la mayoría proveniente del resto de los países de Latinoamérica.

En su trayectoria a Estados Unidos, miles de personas usan suelo mexicano como punto de enlace para alcanzar la frontera sur de la Unión Americana. En ese sentido, el máximo reto al que se enfrentan los ciudadanos mexicanos sin permiso legal para cruzar, es solamente la frontera con Estados Unidos. Para grupos de inmigrantes indocumentados procedentes de otros países latinoamericanos, la línea fronteriza de Estados Unidos es el último salto de una carrera internacional de obstáculos que tienen que vencer para llegar a la meta del "sueño americano".

Bilateralmente, este factor demo-geográfico ha causado que por su frontera con México, Guatemala se haya convertido también en un puente buscado por emigrantes con ruta al norte. La geografía guatemalteca está unida a Belice y el Golfo de Honduras en el este; a Honduras y El Salvador en el suroeste; y al Océano Pacifico en el sur, dándole así una ubicación territorial clave en el viaje a Estados Unidos.

Siguiendo una ruta mayormente terrestre, ciudadanos de Honduras, El Salvador, Nicaragua, Costa Rica y Panamá, así como de los países del cono sur, tienen que pasar forzosamente por Guatemala para infiltrarse a México, y ahí proseguir su itinerario hacia Estados Unidos.

El número de fronteras que un emigrante latinoamericano

tiene que cruzar para llegar por lo menos hasta el Río Suchiate, en la frontera de México y Guatemala, habla de las múltiples dificultades a las que se enfrentan muchos individuos en su afán de trasladarse a otro lugar para intentar mejorar su condición de vida.

Muchos de ellos no sospechan las contrariedades y angustias que tendrán que afrontar en su peregrinar hacia el norte. Además de vejaciones, abusos, robos, violaciones, y otros atropellos a sus derechos humanos que pueden sufrir en el trayecto, el arribo y estancia en la tierra nueva que con frecuencia resulta más pesadilla que sueño.

Para los inmigrantes ingleses quienes fundaron las primeras colonias de lo que llegaría a convertirse en Estados Unidos, su majestuoso desafío fue el inmenso Océano Atlántico. Anhelosos también, se aventuraron a buscar los litorales de la libertad, estableciendo así los principios para crear el experimento de democracia más avanzado que se conozca.

Ellos establecieron por igual un paradigma de peregrinaje que es replicado en la actualidad por miles de mujeres y hombres. Para los inmigrantes modernos, la frontera estadounidense es sólo el último eslabón de una cadena de fronteras, que pueden ser tropiezo o trampolín en su intento de integrarse al flujo de la sangre de inmigrante que corre por las venas de Estados Unidos.

Adalid Hernández
Travesía de un inmigrante hondureño

Cuando Adalid salió de su natal Honduras, no le avisó ni siquiera a sus padres. Para evitar ser detenido en su intento de viajar a Estados Unidos, el joven hondureño sólo escribió una breve nota a sus progenitores avisándoles de sus planes, la cual sería entregada por su hermana cuando él ya hubiera emprendido su marcha hacia el norte. Acompañado solamente de una pequeña maleta y un puñado de lempiras, Adalid se aventuró a dejar el pequeño país centroamericano.

Su meta inmediata fue llegar a México. El primer obstáculo para tal propósito fue recorrer Guatemala, lo cual logró sin mayores contratiempos, pero a su llegada a la frontera con México, un ciudadano mexicano con semblante de asesino y puñal en mano le dio un recibimiento nada amigable. Adalid sabía que para llegar a Estados Unidos antes tenía que estar vivo, así que sin resistencia alguna entregó el humilde contenido de su maleta y sus pocos lempiras. Su fuerte anhelo nadie se lo pudo robar.

Adentrado ya en el territorio mexicano, el siguiente objetivo de Adalid fue llegar a la frontera de México con Texas, y de ahí viajar a Nueva York, en donde un tío de él ya vivía desde hacía algún tiempo. Pero en su recorrido errante, Adalid terminó desorientado, y de inmigrante se convirtió en un vagabundo sin ruta definida, solamente caminando guiado por la brújula de su limitada intuición geográfica en un país extranjero, y obsesionado con un sólo punto cardinal: el norte.

Cuando sus persistentes y cansados pies alcanzaron finalmente la frontera mexicana con Estados Unidos, sus asombrados ojos se regocijaron de ver por vez primera el paisaje norteamericano. Su sorpresa fue grande cuando un letrero justo en la línea divisoria indicaba que no se encontraba frente al estado de Texas sino al de Arizona, en la ciudad de Nogales, Sonora.

Adalid se infiltró al territorio estadounidense como miles lo han hecho: por "el hoyo", generalmente un orificio en el alambrado que divide a México y Estados Unidos en esa área de la frontera. La gran determinación de este joven hondureño lo continuó impulsando hacia el norte, encaminándose sin saberlo hacia Phoenix, la capital de Arizona, en donde en la primera oportunidad buscó un mapa para saber a dónde lo había llevado su peregrinaje. Su asombro fue aún mayor cuando descubrió su ubicación territorial y comprendió que su destino original, Texas, estaba a cientos de millas de distancia.

Antes de arribar a Phoenix, Adalid caminó con gran cansancio a lo largo de la vía del tren para evitar perderse en el desierto de Arizona. El ulular de los trenes y la oscuridad de la noche aumentaban sus ocasionales sentimientos melancólicos de culpa y pesar por haber partido sin avisarle a sus padres. Pero la patria ya estaba muy lejos, y su único deseo ahora era llegar a una ciudad donde pudiera establecerse temporalmente antes de proseguir su incompleto trayecto. Y fue en Phoenix, "El Valle del Sol", donde Adalid pausó su largo recorrido, encontró refugio temporal y trabajo. Ahí permanecería unos meses, para después proseguir la siguiente etapa de su inesperada travesía que lo llevaría a la Urbe de Hierro.

En Phoenix, bajo el caluroso clima regional, el muchacho hondureño trabajó como ayudante de Gerardo, un México-Americano que tenía su propio negocio de jardinería. Su trabajo consistió en empujar una máquina cortadora de césped en los jardines de las casas que contrataban los servicios de Gerardo. Bajo el intenso sol veraniego de Phoenix, y el ensordecedor ruido de la podadora, Adalid sudó abundantemente su propia versión del "sueño americano".

El modesto sueldo le permitió vivir en un departamento

junto con otros centroamericanos que al igual que él, entraron sin documentos a Estados Unidos. También compró una bicicleta para transportarse al trabajo y por las calles del barrio pobre en el suroeste de Phoenix donde vivió, y ropa en la tienda de segunda mano de la esquina. Pero su prioridad era ahorrar dinero suficiente para comprar el boleto de ida a Nueva York, donde su tío le ayudaría a buscar mejores oportunidades de vida, algo quizás más parecido a su idea de prosperidad en Estados Unidos.

El carácter sencillo y manso de Adalid le ganó un par de amigos con quienes en las tardes soleadas, después de la jornada diaria de trabajo, platicaba acerca de su vida en Honduras. Su alma estaba impregnada de añoranzas de su pueblo y de la congoja de haber dejado a su familia. Sin embargo, rememoraba con detalles su excursión por Guatemala y México, y lo que para él había sido una hazaña formidable; haber llegado a la Unión Americana. Así, la vida de este inmigrante centroamericano transcurrió tranquilamente.

Adalid logró reunir la cantidad necesaria para emprender el vuelo hacia su destinación original, y comenzó a prepararse para continuar su interrumpido trayecto que lo llevaría ahora desde el suroeste al noreste estadounidense. Arizona sólo había sido un albergue accidental de su desorientada ruta, y un trampolín geográfico. Aunque Adalid se transportaría por vía área, el posible riesgo de ser detenido por agentes de inmigración en los aeropuertos era un peligro latente.

Para efectuar el viaje, sus amigos le recomendaron que se vistiera con una camiseta y shorts, más al estilo de los residentes de Arizona, con el fin de intentar esconder su natural estampa de inmigrante, asemejándose más a un turista. Pero el día del viaje, el joven se vistió formalmente, conforme a su propia tradición. Así fue transportado al aeropuerto internacional de Phoenix, pero al llegar miró la vestimenta de los demás viajeros y comprendió que vestirse de turista (shorts, sandalias, camiseta y lentes oscuros para el sol) era más conveniente para intentar pasar desapercibido. Ayudado por sus amigos, quienes le compraron una camiseta con palabras en inglés, Adalid salió del baño en cuestión de minutos, transformado en "turista".

En la sala de espera, Adalid se mostraba impaciente y nervioso de viajar por primera vez en avión. Después de abrazos de despedida y expresar palabras de agradecimiento, el muchacho hondureño abordó el avión que lo trasladaría a Nueva York, prometiendo que al llegar a la Urbe de Hierro llamaría por teléfono para asegurarle a sus amigos que había arribado sin contratiempos. Después vino el despegue y el aeroplano penetró las nubes del vasto firmamento de un domingo radiante, hace más de diez años.

Adalid nunca llamó por teléfono. Hasta este día se ignora si logró arribar sin ser capturado por los oficiales del Servicio de Inmigración en el aeropuerto de Nueva York. Quizás su indumentaria no logró confundir a los agentes y fue descubierto, arrestado y puesto en un centro de detención, de donde habría sido enviado después a su natal Honduras. De haber sucedido lo anterior, sus padres se habrán regocijado de tenerlo de regreso.

O acaso, maravillado e impresionado de haber cumplido su objetivo, Adalid se olvidó de quienes lo vieron volar como ave migratoria rumbo al noreste. Habrá sido recibido por su tío y hablado por teléfono con sus padres, cuya ansiedad habría terminado al saber que su hijo se encontraba bien. Probablemente Adalid habrá encontrado un trabajo e incluso aprendido inglés. Habrá prosperado, enviado dinero a su familia, y quizás aún formado su propia familia. Pero nada de lo anterior es posible saberlo, porque nunca más se conoció de la suerte de quien un día salió de Honduras y recorrió, paso por paso, los territorios de tres países para intentar crear su propia versión del "sueño americano".

Insospechadamente, Adalid se habrá transfigurado él mismo en un sueño para los muchos que salen de Honduras, o de cualquier otro país, para emular su hazaña y replicar con su propio caminar su itinerario aventurero, siguiendo paso por paso las huellas dejadas por Adalid en su odisea, que terminó siendo un viaje con un epílogo sin final.

Adalid: donde quiera que tú estés, en Nueva York, Honduras o cualquier parte del mundo, que tus alas de inmigrante y tus pies de peregrino reposen en una dimensión ignota de armisticio y sosiego.

La nacionalidad en la frente
Mexicanos, centro y sudamericanos

Para cualquier centro o sudamericano que se encamina a Estados Unidos a través de México, el hecho de recibir maltratos y vejaciones por parte de los ciudadanos mexicanos les resulta una paradoja inconcebible cuando, al llegar a la Unión Americana, descubren que dentro de la sociedad anglosajona, los mexicanos y ellos mismos, esto es, inmigrantes de Latinoamérica, son fundamentalmente catalogados igual.

Un inmigrante de Centroamérica alguna vez expresó su punto de vista al respecto de la siguiente manera:

«Quiero explicar algo que la mayoría de los mexicanos no saben. Nosotros los centroamericanos somos ilegales en México, se nos atropella. Eso no es justo. Nosotros tenemos que pasar por México para llegar a los Estados Unidos; ¡nada fácil! Conozco a varios mexicanos que vienen aquí [Estados Unidos] por las mismas razones que nosotros: el desempleo. En nuestros países nos pagan mal. Pero aquí en Estados Unidos todos somos iguales, llevamos el mismo idioma [español] ¿Por qué no nos llevamos igual en su tierra, si aquí todos somos iguales? Los hispanos en Estados Unidos no llevamos la nacionalidad en la frente...»

Lo expresado por Roberto Martínez, el lector que envió este mensaje, es verdad. Ante los ojos de la comunidad norteamericana, la apariencia física de los inmigrantes latinoamericanos, particularmente aquellos que no tienen documentos para trabajar, cae bajo una misma clasificación. De hecho, debido a que la gran cantidad de inmigrantes es de origen mexicano, la mayoría de individuos con rasgos latinos son señalados simplemente como

"*Mexicans*" por quienes relacionan a todas las personas de apariencia foránea, sin distinguir la diferencia entre las otras nacionalidades de los denominados "*aliens*" o extranjeros.

Para el inmigrante que proviene de América Central o de Sudamérica, el reclamo de Roberto tiene validez. México es la antepuerta a su destino final: Estados Unidos. Muchos de estos seres humanos que se aventuran a la gran hazaña de emigrar desde sus regiones empobrecidas, pagan un precio muy alto por usar el suelo de México como trampolín para llegar a lo que ellos suponen será un océano de oportunidades. Las vejaciones, robos, asaltos, violaciones y hasta la muerte son con frecuencia las "visas" que el resto de latinoamericanos tienen que obtener en sus pasaportes de turistas indeseados en las tierras de su peregrinaje.

Pero ya en territorio estadounidense, mexicanos, centro y sudamericanos se encuentran con una paradoja. Al mirarse en el espejo de una sociedad multicultural, todos ellos descubren que las diferencias que los separan en sus propios países, los unen en sus vicisitudes y sus peripecias en el extranjero. El "precio" impuesto por los mexicanos para que inmigrantes de otros países del resto de Centro y Sudamérica usen su territorio, se torna en su propia penitencia. Tanto unos como otros, inmigrantes todos por igual, experimentan tratos denigrantes y vejaciones típicas de un indocumentado. En la tierra del dólar, el valor de un inmigrante ilegal de Latinoamérica es el mismo, sin acepción de nacionalidades.

Cualquier frontera es un desafío para quien se aventura a cruzarla "sin papeles", y quienes lo hacen lo saben. La línea divisoria entre México y Estados Unidos es la gran meta para mexicanos, centro y sudamericanos por igual, pero los emigrantes que tienen que cruzar por otros países y por México, se encuentran con otras fronteras en donde seres humanos con rasgos similares a los suyos, y con quienes comparten el mismo idioma a pesar de sus modismos y acentos diferentes, los desprecian y los maltratan. En esas fronteras, las condiciones para la supervivencia tienen marcadas diferencias.

En Estados Unidos, en cambio, las diferencias se disuelven en una sola amalgama latinoamericana. El desprecio y los maltratos se le imponen a todo forastero indistintamente. En esta nación, poco importa sí Roberto Martínez es mexicano, centroamericano o sudamericano. Los cristales de la sociedad anglosajona los juzgan a todos con análogo menosprecio. Pero personas como Roberto tampoco pueden pasar desapercibidas en México, en donde un forastero errante no tiene más valor que en la tierra del Tío Sam.

Hambre, necesidad y miseria
El legado de una mentira

Roberto Rojas* es un hombre cuyo rostro refleja la austeridad de un sistema político vetusto y obsoleto. Originario de Holguín, Cuba, este inmigrante subsiste en suelo norteamericano asido de un fuerte deseo de prosperidad. Sus conjeturas con las que se aventuró a dejar la isla le presagiaron la dificultad de mejorar su situación en una sociedad tan diferente, pero éstas han sido más que superadas por la áspera realidad en la que vive.

Roberto no emigró a Estados Unidos como la mayoría de sus compatriotas. Habiendo sido elegido mediante la lotería de visas que anualmente se distribuyen entre varios países por parte del gobierno norteamericano, Roberto arribó legalmente a suelo estadounidense por Florida. En Miami, la agencia de Servicios Católicos le sugirió trasladarse a la ciudad de Phoenix, en el suroeste de Estados Unidos, para formar parte de una creciente comunidad de aproximadamente siete mil cubanos. Haber aceptado venir a Arizona es algo de lo que Roberto se lamenta, porque ahora él sabe que la vida para un cubano en Phoenix, no es la misma que para un cubano en la Florida.

Con un gesto ambiguo de nostalgia y orgullo, Roberto dice: "En Cuba yo era un gran mecánico, pero aquí yo no soy nadie".

En su juventud, después de haber cumplido con el servicio militar obligatorio, asistió a un instituto en donde aprendió mecánica automotriz. Aparte de su educación técnica, Roberto se ufana de tener una habilidad nata para la mecánica. "Dame un motor desarmado dentro de un saco, sin diagrama, y yo te lo armo" —dice Roberto. Eso es lo que hizo una vez cuando empleados del gobierno cubano lo buscaron para ver si les podía ayudar a armar una transmisión de un jeep de manufactura soviética. Los hombres le trajeron todas las piezas dentro de dos costales, y él armó la transmisión valiéndose únicamente de su intuición y sus aptitudes naturales para la mecánica.

A sus 53 años de edad, el semblante de Roberto muestra amargura, tristeza y frustración. Reconoce que su potencial como ser humano fue coartado por haber vivido durante la mayor parte de su vida dentro de la sociedad de un régimen que no le dio la oportunidad de superarse como individuo.

"Fue hasta que llegué aquí a Estados Unidos que me di cuenta de la gran mentira del comunismo y de Castro" —dice con indignación.

En la isla de Cuba, las cualidades y el talento de Roberto nunca le redituaron ningún tipo de prosperidad económica. Su esfuerzo, vertido en cada gota de sudor, regó infructuosamente la tierra cubana, estéril de toda bonanza financiera. Hoy, viendo en retrospectiva su vida, y lejos de su natal Holguín y de su familia, Roberto recuerda en tierra extranjera las palabras expresadas, con profética certeza, por su propio padre en 1971: "El comunismo es hambre, necesidad, y miseria".

Pero a dos años de su llegada a Estados Unidos, Roberto aún no está seguro sí la sequía de su alma podrá ser regada y fructificar, cuando las gotas de su sudor rieguen las semillas de su labor y esfuerzo en la tierra de una sociedad capitalista.

---

* Debido a un acuerdo de confidencialidad, el nombre Roberto Rojas ha sido usado en lugar de su nombre verdadero.

Héroes por necesidad
El nuevo estatus del inmigrante mexicano

Durante la administración del presidente de México Vicente Fox, la postura gubernamental hacia los ciudadanos mexicanos residentes en Estados Unidos tomó un nuevo cariz, mismo que se vino proyectando desde la campaña presidencial del año 2000. Dentro de ese período preelectoral, la presencia mexicana en el extranjero adquirió una dimensión política relevante, ausente en el pasado. Imposibilitados de votar en territorio extranjero, los mexicanos que viven en Estados Unidos fueron alentados a sugerir a sus familiares en México a que emitieran su sufragio a favor del actual mandatario, o a trasladarse a una jurisdicción mexicana para poder depositar ellos mismos su boleta en las urnas.

Desde la ciudad capital de Arizona, Phoenix, y otras ciudades del sur, algunas estaciones de radio en español incitaron a cientos de mexicanos a acudir a las urnas en ciudades fronterizas como la de Nogales, en el estado de Sonora. Una de esas radiodifusoras dispuso transportación gratuita en autobuses a quienes desearan participar en esa histórica jornada electoral, fenómeno que constituyó los que habrían podido ser los primeros "acarreos" de gente en registrarse en suelo de Estados Unidos, para apoyar a un candidato mexicano.

La campaña de Fox acertó en reconocer el poder económico que representan los mexicanos de este lado de la frontera, quienes con sus remesas enviadas a sus familias en México, contribuyen particularmente y de manera significativa al bienestar de los suyos, y a la economía mexicana en general. El discernimiento político de la campaña de Fox, y la designación de una oficina encargada de asuntos migratorios por parte de su gobierno, puso de manifiesto que los mexicanos residentes en Estados Unidos constituyen una entidad económica en México, y un satélite político en la Unión Americana.

Fox atribuyó a los inmigrantes mexicanos cualidades heroicas por el hecho de haber tenido la osadía de dejar su país, traspasar la frontera para buscar mejores oportunidades de empleo, y desde la distancia hacer lo que no pueden hacer en su propia nación: mantener a sus familias. El coraje, la valentía y el denuedo de los miles de mexicanos son evidentes. Ellos han tenido que separarse de sus familias, abandonar sus tierras, y enfrentarse a los peligros inherentes de la peregrinación hacia el norte. Además se enfrentan a la actitud hostil de la sociedad norteamericana, y al estatus inferior que se les adjudica dentro del sistema laboral estadounidense.

Aunque es cierto que la necesidad ha obligado a muchos seres humanos a realizar actos de heroísmo, la necesidad es también sinónimo de miseria, y eso en realidad es lo que ha impulsado a miles de mexicanos a recorrer caminos desconocidos, donde les acechan peligros, abusos, e incluso la muerte. Para estos inmigrantes se pudiera parafrasear la máxima bíblica de que "nadie es profeta en su tierra", diciendo que en el México de Fox, "nadie es héroe en su tierra", pues para obtener el estatus de héroe es necesario, entonces, abandonar la comarca, decir adiós a los seres queridos, entrar clandestinamente a una tierra desconocida, y vivir en un "exilio" económico.

Estos hombres y mujeres de manos y almas curtidas tampoco son héroes en "la tierra de las oportunidades". Aquí tienen que asumir la contradictoria afrenta que representa poseer una ambigua identidad, pensando que mientras en su patria son considerados héroes por la retórica oficial, en Estados Unidos son despreciados como parias. Dignos de recibir el reconocimiento de su presidente, pero indignos de un trato justo por parte de la comunidad anglosajona, que se beneficia de sus duras labores.

De cualquier manera, a los inmigrantes mexicanos se les dio un nuevo estatus en el sexenio de Fox. Esto cambia en poco o nada su situación en los campos de trabajo, donde su verdadero heroísmo ha estado tatuado en sus rostros por generaciones. Rostros inconfundibles, fraguados con cada gota de sudor, de lágrimas y sangre; sangre que les recuerda el rojo de su bandera, sacudida por vientos extranjeros.

Invitados a trabajar
El programa "guest worker"

Dentro de las esferas políticas de los gobiernos de México y Estados Unidos, se ha hablado de formular un "Programa de Trabajadores Huéspedes" —*Guest Worker Program*— el cual permitiría a miles de campesinos mexicanos laborar bajo el amparo de la legalidad. Por definición, un huésped es una persona alojada gratuitamente en casa ajena, pero en el contexto actual de ambos países, un huésped pudiera definirse como un trabajador invitado, un sirviente que es bienvenido en la casa solamente mientras desempeña su trabajo, una persona que es invitada a un lugar para trabajar.

Pero a los millones de inmigrantes que ya se encuentran trabajando en Estados Unidos nadie los invitó. La fuerza laboral estadounidense está empapada del sudor de la frente de quienes legal o ilegalmente se infiltraron al país de las oportunidades, atraídos por el poderoso imán del trabajo. Cada poro de la economía norteamericana transpira el afán y el empeño de millares y millares de extranjeros, quienes con sus labores diarias y su vida misma tributan con creces a la riqueza de Estados Unidos, recibiendo a cambio una infinitesimal suma de dólares, comparable a una gota circunstancial dentro de un vasto torrente.

Entrando sigilosamente a este país de exuberantes culturas, muchos han logrado establecerse dentro de la codiciada fuerza laboral norteamericana. Las oportunidades están ahí, listas para ser arrebatadas por la intrepidez de quienes mutaron su piel nativa por una temeraria coraza transnacional de sudor y trabajo. Así, se les ve aportando con su oficio de artesanos a la edificación de casas y edificios, parques y plazas. O con su hospitalidad nata sobre los hombros, sirviendo mesas, limpiando cuartos de hoteles y hospitales, o preparando comida en restaurantes.

El mar de su determinación avasalla la pasividad del ciudadano norteamericano, que desaíra el salario mínimo, el trabajo servil, y las labores forzadas. Tareas que son tomadas como oportunidades por las manos de quienes en su patria lo dejaron todo, persuadidos por el gran aliciente del trabajo y la prosperidad, algo inusitado en sus comarcas empobrecidas, pero factible en la Unión Americana.

Para estos trabajadores, su peregrinaje en tierra extranjera es un mandamiento inevitable, profetizado en su alma emigrante antes de su nacimiento, para romper la maldición de su pobreza: dejarás a los tuyos, te alejarás de la comarca, cruzarás la frontera, y trabajarás la tierra con el sudor de tu frente. Resolver el problema de su miseria no es cuestión de invitaciones para trabajar, sino de oportunidades legítimas para prosperar.

Recuerdos perdidos en la frontera

Las memorias del inmigrante

El Regreso de los Braceros

«Cuando llega el invierno, regresan al país muchos de los hombres que se han ido a trabajar como braceros en los campos del otro lado de la frontera. Traen dólares y zapatos nuevos. Los braceros, como es natural, no saben economía política, sociología ni ninguna de las disciplinas con que los técnicos trazan una imagen más o menos retórica del país. Pero conocen un hecho: en México no ganan lo suficiente para sus necesidades. Los ingresos del campo son demasiado raquíticos y, en cambio, cada vez hacen falta más pesos para vivir. Por eso, cada año, cruzan el Río Bravo o la línea divisoria...»[1]

Así escribía en el invierno de 1959 el admirable periodista mexicano José Alvarado (1911-1974). Muchos años después, la pluma del inolvidable escritor podría describir la misma escena, variando solamente el adjetivo "bracero" por el de "trabajadores agrícolas", o "indocumentados". Alvarado escribiría hoy en el mismo contexto socioeconómico de México, que continúa impulsando a miles de seres humanos, hombres, mujeres y niños a emprender el camino hacia el norte para cruzar la frontera y trabajar, y "cuando llega el invierno" a regresar al terruño "con dólares y zapatos nuevos".

En el invierno, miles de trabajadores inician desde Estados Unidos el éxodo de vuelta hacia sus respectivas tierras natales, cargando en sus maletas más que zapatos nuevos, y en sus bolsillos los dólares ahorrados, ganados en largos días y meses de trabajo. El recuerdo de los suyos, las memorias de tiempos pasados, y sus tradiciones arraigadas en el alma los hacen huir en diciembre de la friedad intolerable de la tierra lejana, y correr al irresistible calor del hogar paterno, del que un día salieron no sólo con la esperanza de prosperar, pero también de retornar a él.

Su viaje de regreso será otra odisea similar a la que sufrieron en su viaje de ida. Presagiando una ausencia teñida por la nostalgia, estos seres humanos que regresan a sus lugares de origen después de haber trabajado en Estados Unidos, empacaron para su viaje de ida modestos equipajes con recuerdos de sus vidas para poder evocar el terruño cuando se encontraran lejos de él, y tratar de aferrarse así a sus memorias en lo que sospecharon acertadamente sería una separación dolorosa.

Sus sencillas valijas contenían fotografías, cartas, breves memorias de papel y tela, objetos personales más valiosos que el oro. Cualquier elemento para mitigar el espantoso sentimiento de soledad y lejanía. En el silencio extranjero, los mudos recuerdos pronunciarían con nativo acento la crónica de sus propias vidas peregrinas. En la oscuridad de las noches frías, sus memorias parecerían brillantes estrellas que alumbrarían su derrotero.

Lamentablemente, al cruzar la frontera muchos de estos inmigrantes fueron "empacados" en camionetas en grupos de hasta treinta personas por los traficantes de seres humanos. Después se vieron forzados a abandonar sus pequeños bultos debido a la falta de espacio en los vehículos que los transportaron a ciudades del interior de la Unión Americana. Así, las memorias del inmigrante se convirtieron en basura indeseable para los nativos de las poblaciones fronterizas. Basura que fue enterrada por el viento, o recolectada y enviada al basurero o plantas de reciclaje, donde no quedó el menor vestigio de lo que fue un cúmulo de recuerdos.

Al cruzar la frontera de vuelta a la patria, esa historia se repetirá para cientos de los que regresan, al ser recibidos por los agentes del gobierno que se encargarán de despojar a sus paisanos que vuelven a la patria de su dinero y sus "zapatos nuevos". Nuevamente, los sentimientos de impotencia, pérdida, odio y tristeza conmoverán sus corazones. Y sus memorias de inmigrante quedarán perdidas otra vez en esa latitud tan deseada y despreciada llamada frontera.

Bibliografía:

[1] Alvarado, José. Visiones Mexicanas y otros escritos. Fondo de Cultura Económica, 1985. (Artículo originalmente escrito en la columna "Apuntes al vuelo" del diario Excélsior Diciembre 10, 1959).

Camino a la prosperidad
Con escala en la muerte

"¿Y por qué el sol es tan mal amigo
del caminante en el desierto?"
Pablo Neruda / *El libro de preguntas*

¿Qué tan desesperada puede ser la situación de miles de seres humanos que arriesgan sus vidas emigrando a través de la frontera entre México y el estado de Arizona? ¿Es preferible para ellos morir en las áridas zonas del suroeste norteamericano persiguiendo un oasis de prosperidad, que vivir en la realidad de la miseria en sus lugares de origen?

Nadie que desee mejorar su situación emigrando a otro país predetermina su propia muerte, pues este pensamiento representaría una antítesis al anhelo de construir una vida mejor. Pero la aventura de la migración conlleva el riesgo inherente de morir, al menos dentro del contexto sociopolítico y geográfico en el que emigrantes provenientes de México y del resto de América Latina intentan adentrase clandestinamente a territorio estadounidense.

El riesgo de perder la vida se intensifica en la misma medida en que la seguridad en la frontera aumenta. Tratando de eludir a la patrulla fronteriza, los emigrantes buscan caminos en el desierto y terminan adentrándose en las zonas más remotas y áridas. Fatigados, desorientados y sin rumbo fijo, estos seres humanos se enfrentan al peor enemigo en el desierto: el calor extenuante. Sin agua ni poblados cercanos, los inmigrantes terminan deshidratados y cayendo vencidos por la inclemencia del calor de Arizona. Cada año, cientos de personas que cruzan la frontera de esta manera son encontradas muertas.

En estas circunstancias, ni las altas temperaturas ni la aridez de las zonas que recorren los emigrantes los detienen. Su perseverancia los impulsa a seguir caminando en búsqueda de áreas pobladas, pero en su peregrinar, la muerte los acecha a cada paso, tornando su tenacidad en su propia sepultura. Aún así, miles de seres humanos continuarán atravesando la frontera entre México y Estados Unidos. El peligro de muerte los continuará acechando. Los cadáveres de cientos de ellos seguirán siendo encontrados en el desierto. Y las preguntas acerca de su temeraria travesía seguirán sin respuesta.

¿Qué puede detener a una persona que a pesar del peligro de muerte insiste en cruzar la frontera? ¿Tiene más fuerza el riesgo latente de morir en el desierto extranjero que la realidad presente de morir en la miseria nativa?

El virus del etnocentrismo
Inocentes y culpables de un atentado social

Una de las dificultades a las que se enfrentan los inmigrantes latinos radicados en Estados Unidos, es la colisión de su propia cultura con la predominante corriente cultural anglosajona. Sentimientos de inferioridad e intimidación pueden hacer que cualquier extranjero llegue a percibirse asimismo como un ser humano de segunda o tercera clase, y aún peor, llegar a la tragedia de transmutar la verdad de su identidad por la mentira del racismo.

Tal panorama socio-antropológico ha llegado a instituirse en una falacia cultural, y penetrado el alma de millones de seres humanos, condenándolos a vivir con el estigma de la ignorancia en sus frentes al creer que, en efecto, los anglosajones son mejores y superiores a ellos, y a vivir contaminados con ese virus étnico que infecta por igual a la víctima que al victimario. Ese virus social se llama etnocentrismo.

Etnocentrismo es utilizar la cultura propia como una regla para juzgar las costumbres de otros individuos o sociedades, generalmente llevando a una evaluación negativa de sus valores, normas y conductas.[1] En su peor expresión, etnocentrismo es la creencia de que la cultura propia es superior a las demás.[2] Dentro de este contexto, etnocentrismo es el arma utilizada por los anglosajones para subordinar la capacidad de los inmigrantes latinos.

Las consecuencias del virus cultural del etnocentrismo han causado daños bilaterales en la vida de los inmigrantes. En unos ha causado un efecto mutilador, amputándoles la habilidad de articular su propia versión del "sueño americano", e incapacitándolos para alcanzar éxitos de mayores proporciones. Otros inmigrantes han extraviado su identidad al cometer un suicidio cultural, desenterrando sus propias raíces para injertarlas en la cultura y el idioma del blanco anglosajón. Estos han preferido ser arrastrados por la corriente que remar contra ella, por lo cual bien pudieran aplicárseles, como antídoto, las palabras del periodista y maestro Manuel Buendía, escritas en su poema *"No me dejes morir..."*[3]:

No quiero morir contemplando
Con mansedumbre el río.
Prefiero ahogarme en el intento
De remar hacia el principio secreto
De las aguas.
Sólo por saber
Cuánto soportan mis brazos
Y en qué momento ya no soy capaz
De sostener los remos...

(Fragmento)

Ambos escenarios conducen a una actitud reflexiva acerca de la necesidad de proclamar la verdad de que los latinos o hispanos no son, intrínsecamente hablando, inferiores a ningún otro miembro del género humano. Este principio debe ser impartido para restituir la fracturada autoestima de muchos inmigrantes, y devolverles el respeto y la dignidad de su personalidad.

Dicha verdad se basa en el precepto moral de que no hay culturas superiores, ni seres sobrehumanos, ni linaje que sea inmortal. Los anglosajones tienen virtudes y defectos, pero no menos ni más que los mexicanos, centro y sudamericanos, asiáticos o africanos, o cualquier otro integrante de la raza humana. El objetar esta verdad es etnocentrismo. Y cuando la falacia de que un grupo étnico es inferior sale de la boca de un miembro de ese mismo grupo, los estragos de ese virus social de falsa superioridad no pueden ser más evidentes.

Los hispanos o latinos tienen que levantar el estandarte de su peculiaridad; reconocer sus limitaciones, pero ensanchar sus horizontes. Y hacerle ver claro al despreciador anglosajón que ya no cree esta mentira. Y que los inmigrantes latinos son iguales a todos los demás seres humanos.

Bibliografía y Cita:

[1] Henslin, James M. Sociology, A Down-to-Earth Approach. Third Edition. 1997

[2] Haviland, Williams A. Cultural Anthropology. Eight Edition. 1996

[3] Buendía, Manuel. *"No me dejes morir..."* 17 de Agosto de 1981. Publicado en el diario Excélsior Junio 7, 1984

El caldero de razas
La actitud anti-inmigrante de una nación de inmigrantes

Aunque Estados Unidos ha sido étnicamente formado por sucesivas olas de inmigrantes, la inmigración es percibida como un gran problema. Los nuevos inmigrantes son menospreciados, particularmente por sus hábitos culturales que son el blanco de criticismo, especialmente cuando los recién llegados vienen de países de origen diferente al establecido en la comunidad.

A pesar de estas tensiones, las necesidades económicas siempre han forzado a Estados Unidos a buscar inmigrantes para usarlos como trabajadores. Asimismo, las mismas oportunidades económicas han atraído a extranjeros. La vasta mayoría de inmigrantes ha venido en busca de trabajo y la oportunidad de crear una mejor vida para ellos y sus familias. En toda la historia de la Unión Americana, menos del diez por ciento de los inmigrantes ha venido por razones políticas o religiosas.

Inmigrantes "económicos" de Europa, Asia, y Latinoamérica han venido a Estados Unidos voluntariamente. Otros, más marcadamente los afroamericanos, fueron transportados involuntariamente a Norteamérica para realizar trabajos forzados, o para ser vendidos como esclavos. Pero sin importar las razones por las cuales vienen a Estados Unidos, los nuevos inmigrantes son empleados en trabajos serviles, pesados, riesgosos, y de poca paga, ocupaciones esquivadas por la mayoría de los estadounidenses, y al mismo tiempo también son tratados con desdén, hasta que asimilan y adoptan la corriente de la cultura americana establecida por inmigrantes anteriores.

Aunque se supone que los nuevos inmigrantes deben absorber

las creencias y normas establecidas de la sociedad dominante, la mayoría de ellos tratan de mantener su propia herencia cultural, lenguaje y creencias religiosas. Algunos grupos asimilan la nueva cultura dentro de una o dos generaciones. Otros mantienen arraigados por siempre algunos aspectos de su cultura.

Tradicionalmente, Estados Unidos ha sido descrito como una "*melting pot*", esto es, un caldero de razas, un lugar donde las identidades previas de cada inmigrante son mezcladas, creándose una sociedad uniforme e integrada. Desde la década de los años sesenta, muchos norteamericanos han rechazado la metáfora de la "*melting pot*", inclinándose por la imagen de un mosaico, una pintura creada por pequeños mosaicos ensamblados. En un mosaico —argumentan— cada pieza retiene su propia identidad distintiva, contribuyendo así a un diseño más grande. Los defensores de la metáfora del mosaico afirman que ésta representa mejor la diversidad de una sociedad multicultural como la de Estados Unidos.

Hoy, mientras muchos norteamericanos valoran su herencia inmigrante como parte importante de su identidad, desprecian a grupos de nuevos inmigrantes de Asia y Latinoamérica, mayormente por su parecer físico y su inhabilidad de hablar el idioma inglés. Algunos inmigrantes de Europa corren mejor suerte por su apariencia física, su dominio del inglés, y su habilidad para entremezclarse fácilmente en la cultura, lo cual les da ventaja por encima de quienes hablan español u otro idioma, y poseen rasgos más disímiles y costumbres distintas.

La presencia de latinos en Estados Unidos

Rostro americano; rasgos hispanos

Se dice que cuando los árboles de cuya madera fue hecho el famoso buque "*Mayflower*" todavía anidaban pájaros en sus ramas, ya había colonias de hispanos en la Florida y Nuevo México. "*Mayflower*" fue la embarcación en la que en 1620 arribaron unos de los primeros peregrinos ingleses a América.

Hoy, en el comienzo de una nueva era, los hispanos o latinos se acercan a ser el segundo grupo étnico más numeroso en Estados Unidos. Además de los 15 o 20 millones de "chicanos" (personas de origen mexicano nacidos en Estados Unidos), la población latina incluye unos tres millones de puertorriqueños, centro y sudamericanos.

El número de hispanos se ha calculado en 23 millones, pero la cifra real quizás sea más alta, probablemente unos 28 millones. Nadie sabe con certeza, ya que aunque la mayoría ha nacido en suelo americano, o son residentes legales, grandes cantidades entran sin documentación legal. Oficiales del censo insisten en que la información es confidencial, pero tales individuos, temiendo ser deportados, evitan ser captados por medio de las formas del censo.

Cada año, más de un millón de personas son arrestadas en la frontera con México y en puntos interiores de Estados Unidos, y luego deportados a sus lugares de origen. Aproximadamente otro millón se las ingenia para entrar y quedarse sin ser detectados. Otros vienen a trabajar temporalmente para después regresar a sus hogares. Esta conducta migratoria causa que la cifra fluctúe y sea imposible de establecer. Comparativamente, se puede decir que hay tantos latinos aquí como hay canadienses en Canadá.

En el medio oeste americano tal comparación resulta casi increíble, ya que la comunidad hispana está virtualmente ausente de esa región, concentrándose mayormente en cuatro estados: Texas, Nueva York, Florida y California. Cálculos demográficos recientes proyectan que en pocos años, los latinos formarán el grupo minoritario más grande de este país, sobrepasando por primera vez al grupo de afroamericanos.

La idiosincrasia de este país ha tomando fuertes fisonomías latinas en esferas sociales tan importantes como la política, los negocios, el deporte y el entretenimiento. En el año 2000, los entonces candidatos a la presidencia, George W. Bush y Albert Gore (vicepresidente en el período presidencial de Bill Clinton) hablaron en español en sus mensajes de campaña dirigidos a los hispanos, de quienes buscaron afanosamente su voto. El gran crecimiento de esta minoría étnica está transformado el semblante nacional, acercándose a parecer un rostro americano con rasgos latinos.

Recientemente, un medio informativo de Estados Unidos preguntó: ¿llegará algún día un hispano a ocupar la silla del Poder Ejecutivo? El autor del artículo expuso la tesis de que en el Siglo XIX, nadie pensaba que un descendiente de inmigrantes pudiera aspirar a un puesto político, mucho menos llegar a la Casa Blanca. Sin embargo, en 1961, el descendiente de un inmigrante irlandés, se convirtió en el trigésimo quinto presidente norteamericano. Su nombre: John F. Kennedy.

Es incierto si alguna persona de apellido López, Sánchez, o García pudiera llegar a ser presidente de Estados Unidos. Lo cierto es que el pueblo hispano en esta nación se ha convertido en un gigante demográfico que ya nadie puede ignorar.

La americanización de los inmigrantes
Creciendo hablando en inglés

Cada grupo de inmigrantes que llega a Estados Unidos tiene que enfrentarse al problema de la "segunda generación": los hijos que nacen en la nueva patria y quienes crecen sabiendo poco o nada de la tierra de origen de sus progenitores. Mientras que los padres tienen que hacer un verdadero esfuerzo para aprender el idioma, si es que lo aprenden del todo, la segunda generación crece hablando inglés.

Aunque cada grupo de inmigrantes tiende a permanecer unido, la necesidad de aprender el nuevo idioma es urgida por la apremiante exigencia de involucrarse en la economía y obtener un empleo para mantener a la familia.

Los miembros de la segunda generación logran más que aprender a hablar bien el inglés. También absorben valores e ideas que resultan extrañas a sus padres. Estados Unidos, por tanto, es la tierra ideal para la segunda generación. Aún cuando los inmigrantes tratan de mantener intactas su cultura y tradiciones, la segunda generación trae una nueva cultura al hogar, al adquirir un nuevo conjunto de costumbres que choca con frecuencia con los valores de sus progenitores. Este proceso se conoce como la americanización, o sea, integrarse a la economía de Estados Unidos y tomar ventaja de las oportunidades que deberían de estar disponibles para todos.

En el caso de grupos de inmigrantes hispanos, el proceso de americanización ha sido desigual. Las comunidades mexicanas en los Estados Unidos aumentan constantemente por el continuo flujo de inmigrantes de México. Esto tiende a reforzar los patrones tradicionales de su cultura, especialmente el uso del idioma español. Para los puertorriqueños, a causa de ser automáticamente ciudadanos norteamericanos al nacer, les es más fácil mantener contacto con la isla, lo cual también refuerza su estabilidad cultural. Los cubanos, por otro lado, no han tenido el privilegio de volver a su tierra de nacimiento.

En ese sentido, y en su proporción demográfica, los cubano-americanos han dado pasos agigantados en la americanización, seguidos por los México-americanos y los puertorriqueños. Estos dos últimos grupos, al convertirse en residentes permanentes y participar en los procesos políticos, también están mejorando su situación y ajustándose a las demandas culturales y sociales.

La principal barrera para la asimilación no es cultural, sino económica. Una vez que la segunda, y después la tercera generación, han crecido y escalado la escalera económica, largos segmentos de lo que originalmente fue una sociedad de inmigrantes, se convierte en una sociedad americanizada.

Ese proceso es el mismo por el cual una vez pasaron todos los inmigrantes europeos. Muchos de sus descendientes son los que hoy no toleran a los nuevos inmigrantes, olvidándose de que sus ancestros también dejaron sus tierras para venir aquí, con la esperanza de la libertad, el sueño de la prosperidad, y el anhelo de una vida mejor para sus hijos.

La inmigración, fibra étnica de Estados Unidos
Visualizando un sueño propio

Quizá el tema más controversial en Estados Unidos que está inherentemente relacionado a su composición étnica, sea precisamente el de la inmigración. Ayer y hoy, ésta ha definido la personalidad e identidad nacional. Y en el futuro, más que la tecnología y el intercambio comercial, la inmigración es la que dará forma más profundamente a la idiosincrasia de esta nación de inmigrantes.

Cuando los peregrinos ingleses visualizaron el sueño de fundar una nación en la que sus ideales de democracia, libertad y justicia pudieran ser expresados, su alma fue poseída por un espíritu migratorio. Así, cruzaron el océano atlántico y fundaron un país que se convertiría, en muchos sentidos, en el más poderoso de los tiempos modernos.

Aquellos peregrinos que dejaron su vieja patria, pronto se constituyeron en los dueños de la naciente nación. Sus descendientes fueron los primeros quienes, por nacimiento, heredaron el estatus de ciudadanía americana. Para esta nueva generación, el nuevo mundo no era una tierra extraña ni lejana, sino su propia patria. Su naturaleza nativa eliminó el estatus de peregrino en tierra extranjera.

Los primeros colonos, sin embargo, no imaginaron que el espíritu inmigrante que los impulsó, sobreviviría al morir ellos, ni que muchos años después de haber nacido sus hijos, nietos y bisnietos, otros millones de inmigrantes de los cuatro vientos, continuarían arribando a las costas americanas, poseídos por igual del mismo anhelo, y motivados por la realidad de una nación de ideales políticos y sociales, ejemplares para el resto del mundo.

Al despuntar el nuevo siglo, Estados Unidos continua siendo inundado por olas de inmigrantes. Sus fronteras marítimas y terrestres atestiguan, día a día, la llegada de miles de almas que lo arriesgan todo para ingresar a la llamada tierra de la libertad. Unos huyen de la represión y la tortura; otros de la pobreza aniquiladora. Otros simplemente son atraídos por los principios de libre expresión y justicia, de los cuales están privados en sus lugares de origen.

La inmigración ha sido, es, y continuará siendo la multiforme fibra étnica de la tela estadounidense. Legal o ilegalmente, nuevos inmigrantes seguirán entrando y renovando el rostro americano. Al menos hasta que cada nación, cada gobierno, cada pueblo, y cada alma sean capaces de visualizar un sueño propio de libertad, justicia y democracia en sus propios ciudades y pueblos.

Quizá entonces los pies de quienes peregrinan tengan una tregua y puedan permanecer en la tierra de sus padres, para concebir su propia versión de esos ideales, al latido de un corazón democrático, y sean capaces de forjar una nación que sea ejemplo e inspiración para otros pueblos.

Trabajadores y terroristas
Edificando y trastornando a Estados Unidos

Antes de los ataques terroristas del 11 de septiembre del 2001 que conmocionaran la conciencia social del mundo, una de las mayores preocupaciones del gobierno de Estados Unidos era el incesante ingreso de miles de personas de diferentes nacionalidades, las cuales habrían dejado su lugar de origen con fines económicos para entrar sin documentos al territorio norteamericano, y buscar mejores oportunidades de vida.

Después del 11 de Septiembre, el "pecado" de cruzar la frontera con el fin de trabajar quedó virtualmente absuelto, al comparársele con la transgresión de quienes se infiltraron para perpetrar el devastador ataque terrorista.

La redención del propósito de quien emigra a Estados Unidos para trabajar no deja de ser simplemente una parábola, con la cual se propone que la fragilidad de la seguridad nacional reveló que Estados Unidos debe temer más a quienes vulneran sus fronteras para destruir, que a quienes lo hacen para construir. Los extremistas religiosos no sólo causaron la catástrofe material y la gran pérdida de vidas, sino también terminaron por demoler la ya erosionada confianza hacia el extranjero, lo mismo al de sombrero de paja que al de turbante islámico, tornando a toda persona con semblante forastero y acento delatador, en un enemigo potencial de la libertad y los ideales democráticos.

El trabajador es el elemento nato de la esencia de una nación de inmigrantes, y el impulsor del sueño americano. El jornalero indocumentado edifica en medio de una rechifla de demonios racistas y prejuiciosos, y soporta sobre sus hombros la ambivalencia que representa la necesidad de su servicio y el desprecio de su procedencia. El terrorista, en contraste, es el hedor de una pesadilla mundial, una entidad siniestra e incompatible con el espíritu del verdadero inmigrante. Un fanático desquiciado que destruye despiadadamente y desde lejos a quienes no conoce, que se inmola a sí mismo como un escupitajo al auto-desprecio de su existencia, y así evitar toda confrontación, todo castigo y todo perdón.

En una nación sobresaltada por la amenaza latente del terrorismo, lejos se está de que el obrero foráneo sea reconocido como un contribuyente provechoso a la economía del país, pero los terroristas demostraron lo que ya era evidente: que ganarse el sustento en tierra extranjera, aunque no se esté autorizado para hacerlo, es de los delitos, el menor, y el más noble. Quien empuña el azadón y la pala, y riega con el sudor de su denuedo los sembradíos no es enemigo de Estados Unidos. Ni lo es el caminante que viola una ley administrativa para mitigar su pobreza nativa, ni el que se adentra en la zozobra fronteriza para sostener a su familia con la labor de sus endurecidas manos.

"Se ofrecen servicios de contrabando humano"

Las drogas no tienen piernas para correr

A lo largo de la frontera que divide México y Estados Unidos, el negocio de pasar individuos ilegalmente a suelo americano es un oficio que está en pleno auge. En la línea divisoria entre Sonora y Arizona, esta actividad está reclutando nuevos elementos para abastecer la gran demanda de personas que desean ingresar a la tierra del dólar. La exigencia es tal, que algunos están cambiando el contrabando de drogas por el de seres humanos.

Algunos narcotraficantes se han dado cuenta que pueden ganar grandes cantidades de dinero, y que las consecuencias legales no son tan graves como en el contrabando de estupefacientes. El costo para transportar a un inmigrante ilegal desde la frontera hasta Phoenix, capital de Arizona, fluctúa entre $700.00 y $1,700.00 dólares. Una camioneta de 15 pasajeros llena, redituá a los traficantes de $10,500.00 hasta $25,000.00 en un sólo viaje. Así, ellos están colaborando con los "coyotes", quienes simplemente pasan el cargamento al otro lado.

Quienes trafican con personas sin documentados legales contratan traficantes de estupefacientes para transportar la mercancía humana desde la frontera a Phoenix, y de ahí a otras metrópolis como Nueva York o Chicago. Esto se ha sabido cuando oficiales de otros estados como Illinois han contactado a las autoridades de Arizona para preguntarles nombres que han oído de narcotraficantes, o tatuajes que han visto al interceptar a los chóferes de los vehículos con cargamentos de ilegales.

Oficiales de inmigración y de la policía de Phoenix, se han enterado de esto por medio de informantes, y traficantes que han sido arrestados transportando inmigrantes indocumentados, a quienes les ofrecen un menú de servicios "a la carta", cobrando cantidades separadas de dinero por ayudarles a pasar por un hoyo en la cerca internacional, llevarlos una refugio seguro, venderles un auto robado, proveerles un servicio de chófer hasta Phoenix, y aún por permisos de trabajo falsos.

Para las autoridades de migración, tratar con narcotraficantes es un asunto habitual, pero el contrabando de ilegales por parte de este tipo de criminales es relativamente nuevo, declaró un agente especial de investigaciones. Oficiales de migración asignados al Departamento de Policía de Phoenix, declararon que son varias las bandas de contrabandistas de estupefacientes que son investigadas por tráfico de extranjeros.

Los investigadores creen que los narcotraficantes están cambiando la droga por indocumentados por las mejores ganancias, y usando la misma red delictuosa. Otra razón es que las sentencias son menores si son capturados, y los procesos criminales más débiles si la policía no puede presentar la evidencia —en este caso, los mismos indocumentados— que generalmente huyen en estampida cuando los tratan de detener. Las drogas, en cambio, no tienen piernas para correr.

Cazador de contrabandos
Vida, hazañas y muerte de un agente federal

"El sistema no puede soportar a un hombre honesto".
Ovid Demaris | *Poso del mundo*

I

Quienquiera que haya visitado o vivido en una de las ciudades fronterizas a lo largo de la línea divisoria de México y Estados Unidos, sabe que estas áreas urbanas concentran fuerzas sociales distintivas que moldean su peculiar identidad y aspecto. En ellas, el palpitar agitado de su corazón aledaño se escucha no sólo sobre su suelo, sino su subsuelo, marcando el ritmo tanto de la vida como de la muerte, las cuales transitan indistintamente sobre las realidades visibles e invisibles de sus calles.

El movimiento incesante de personas que vienen o que van aglomera la estrechez de estas ciudades que crecieron sin esquema ni freno. Desde distintos lugares, la gente llega a ellas con todo tipo de buenas o malas intenciones; la mayoría vienen de paso; otros se enredan en la telaraña que teje la frontera. Ahí se encuentran lo mismo el lugareño y el inmigrante; el agente de aduanas y el traficante; la vieja vendedora y la obrera de la maquiladora; el explotador y la sexo-servidora; el turista y el contrabandista. Rostros nuevos, semblantes viejos; la cara de estas ciudades se afirma al transformarse.

Reflexionando acerca de la mala reputación atribuida a estas ciudades, el periodista mexicano José Alvarado escribió que *"cuando aquellos sitios eran paupérrimos campamentos de casas*

de madera, surgió en los Estados Unidos la ley de la prohibición
de bebidas alcohólicas y muchos de nuestros vecinos dieron en
cruzar la frontera para apagar su sed y olvidar sus desengaños...
El aumento de la demanda...hizo crecer la oferta y pronto creció el
número de tabernas y algunos distraídos ángeles comenzar a llegar:
quemaban sus alas junto a los mostradores y las cenizas trocaban
en dólares".[1] La oferta y la demanda también aumentaron el tráfico
ilegal y el contrabando, los cuales crearon una realidad paralela en
la mayoría de estas ciudades en ambos lados de la frontera.

A lo largo de esta fluctuante línea internacional, la disparidad
económica de dos mundos y dos culturas choca. El encuentro de
la geografía común de estos dos países produce una economía
legítima y una clandestina, las cuales fomentan una sociedad
mercantilista que prospera y subsiste al fragor de la demanda,
creando mercados en donde la línea entre la ley y el crimen se
traspasa como la frontera misma. No obstante, a estas ciudades "*el*
vicio llegó antes que la prosperidad",[2] decía también Alvarado.

El contrabando fronterizo fue surgiendo y convirtiéndose
en una necesidad inherente antes y después del dramático y
violento surgimiento de la nueva frontera. Ese profundo cambio
telúrico y poblacional dio paso a una nueva cultura colindante, la
cual se acentuó a causa del control establecido por el gobierno
estadounidense, después del Tratado de Guadalupe Hidalgo de
1848.

Gradualmente, las nuevas restricciones y los requerimientos
legales para transitar a través de la frontera política alteraron el
cruce natural, y multiplicaron el tráfico ilegal de productos y de seres
humanos. Así se propagó y se formalizó la cultura del contrabando
en la frontera, el cual con los años llegaría a convertirse en una
industria de lucro ilícito y monstruosas proporciones.

El destacado profesor Américo Paredes (1915-1999) sitúa
el origen del contrabando antes del advenimiento de la frontera:
"*Pero la vida a lo largo de la frontera no siempre fue un asunto*
de culturas en conflicto; ahí había cooperación de cierto tipo entre

gente común de ambas culturas, ya que la vida tenía que ser vivida como un asunto de todos los días. La gente cooperaba mayormente en evadir la excesiva regulación del contacto ordinario a través de la frontera. En otras palabras, ellos regularmente tomaban parte en el contrabando. El contrabando, claro está, había sido una actividad común donde quiera que mexicanos y norteamericanos se habían encontrado; esto data a tiempos mucho antes de la Independencia de México..."[3]

Paredes expone que "*el hecho de que Estados Unidos tenía bienes de consumo para vender y que los mexicanos querían comprar hizo al contrabando algo inevitable... El contrabando pudo haber sido visto en esas fechas tempranas como una práctica libertaria, una protesta en contra de las rigurosas leyes aduanales de los tiempos de la colonia, que ahogaron la economía de México... Las fronteras, como quiera que sea, ofrecen condiciones especiales no sólo para el contrabando sino para la idealización del contrabandista. Esto suena muy obvio, ya que, después de todo, los límites políticos son los lugares obvios donde las aduanas y las regulaciones de inmigración se hacen cumplir... En este respecto, la Frontera Baja del Rió Grande [Bravo] era especialmente idónea para las operaciones de contrabando*".[4]

Análogamente, Peter Andreas, profesor de Ciencias Políticas, precisa que "*las leyes y la demanda del consumidor son los determinantes más básicos de lo que los contrabandistas trafican... Un mundo de altas tarifas alienta el intercambio clandestino en mercancías legales para evitar cuotas de importación o exportación... Por otro lado, en un mundo de bajas tarifas, el contrabando tiende a cambiar de la evasión de tarifas de mercancías legales, a evadir prohibiciones de mercancías catalogadas como indeseables. Sin embargo, aún en un mundo de bajas tarifas, las variaciones en los impuestos y precios domésticos de algunos productos legales de gran demanda, tales como los cigarrillos, el alcohol, y drogas farmacéuticas, proveen enormes incentivos para el contrabando*".[5]

II

Rodeado de un ambiente de contrabando y delincuencia fronterizos, vivió y murió Heriberto Hernández Torres. Producto nato de la frontera, Hernández Torres creció en la ciudad limítrofe de Nogales, Sonora, en México. Ahí superó un ambiente de pobreza, peleas callejeras, y situaciones inherentes a ser miembro de una familia numerosa. Originario de Magdalena, población al sur de Nogales, Hernández Torres quedó huérfano cuando tenía un año de edad. En algún momento clave de su adolescencia comenzó a concebir en su mente el deseo, la vocación y la posibilidad de seguir la carrera de policía, profesión que lo llevaría a convertirse en un excepcional agente federal de la Procuraduría General de la República.

En 1957 se graduó del Instituto de Ciencias Policiales de la República Mexicana, y tres años después de la Academia de Policía del Distrito Federal. Regresó a Nogales en 1961 para ocupar el puesto de Jefe de Investigaciones de la Jefatura de Policía, cuando apenas tenía 24 años de edad. Desde el principio de su carrera, el joven investigador dio evidencias de poseer una intuición admirable, una ética incorruptible y un valor imponente, cualidades ausentes en muchos supuestos guardianes de la ley. Dentro de poco tiempo, Hernández Torres se convirtió en una pesadilla para el delincuente amateur y el criminal profesional. Los periódicos de la época informaban acerca de los contrabandos de marihuana y de armas, entre otras mercancías prohibidas, capturados por el sagaz investigador.

A principios de la década de los años los 60s, el trabajo de investigación de Hernández Torres en Nogales lo hizo acreedor de elogios y críticas. Su imparcialidad lo llevó a arrestar lo mismo a personajes conocidos como el boxeador "Pinky" Peralta, por tráfico de droga,[6] que a asaltantes comunes como Bernal Cienfuegos, alias "El Puchitas", acusado del robo de la joyería Omega.[7] La leyenda popular afirma que el jefe de investigaciones llegó incluso a arrestar a un sacerdote católico de Nogales, conocido como "Padre Nacho", de quien se dice fue sorprendido en una casa clandestina de juego. La redada también capturó al vecino de Hernández Torres. El implacable detective no hacía acepción de personas: un infractor de la ley era un infractor de la ley. Como resultado, el joven investigador era aprobado por unos, y reprochado por otros.

La carrera de Hernández Torres tomaría un giro decisivo en 1965, cuando obtuvo el puesto de Agente de la Policía Judicial Federal. Su vida parecía estar destinada a luchar contra el crimen fronterizo, ya que a finales de ese año el agente fue asignado a Matamoros, Tamaulipas, ciudad adyacente a Brownsville, Texas. Ya en enero de 1966, el agente comenzaría a trastornar algunas operaciones del crimen organizado de Matamoros, donde el contrabando de mercancías y el tráfico de drogas eran de mayores proporciones. El talento y la valentía del agente federal lo llevaron a asestar duros golpes al hampa fronteriza en ese año. Cuantiosos contrabandos, transportados dentro de camiones tráiler con mercancía proveniente de Estados Unidos, fueron capturados por Hernández Torres, a quien un reportero del periódico "El Gráfico" de Matamoros calificó como un "*cazador de contrabandos*".[8]

III

Por su ubicación geográfica, Matamoros (llamado San Juan de Los Esteros, hasta 1796, y después Refugio, hasta 1826) se perfiló desde sus comienzos como un área estratégica para el comercio legal e ilegal. En 1775 ya existían operaciones de contrabando entre los pioneros de esa ciudad y piratas del estado de Luisiana. Casi ciento cincuenta años después, a principios de la década de 1920, muchas ciudades fronterizas desarrollaron la industria del entretenimiento nocturno para atraer a los norteamericanos, a quienes la ley de la Prohibición les impedía consumir alcohol en su propio país.[9]

La población de Matamoros aumentó dramáticamente en la siguiente década, a causa de la repatriación de ciudadanos mexicanos en los años de la Gran Depresión económica de Estados Unidos, y por el flujo de personas provenientes del interior de México en busca de trabajo. El número de habitantes subió de 24,995 a una muchedumbre de 54,136.[10] La magnitud y la cantidad de las actividades de contrabando aumentarían en relación con el crecimiento demográfico.

Como un incendio forestal, la estructura de poder de las organizaciones criminales fue propagándose, atrapando en una dimensión delictuosa y de violencia tanto al ciudadano común dedicado al contrabando, como al político y al militar de alto rango, dispuestos a encubrirlo. Atrapados en la jerarquía de corrupción y soborno, los investigadores comisionados a la lucha del contrabando quedaban entre la espada y la pared, acosados por los contrabandistas por un lado, y desamparados por sus superiores en el otro. Al desempeñar su trabajo, agentes y policías quedaban así a la deriva, sin más opciones que ser cómplices del crimen o ser víctimas de la violencia.

Alentados por la impunidad, habilitados por las inmensas ganancias del comercio ilícito, y resueltos a eliminar cualquier reto a su dominio, contrabandistas de alta y baja calaña crearon una economía forzada de supervivencia. Para cientos de personas, sumidas en la pobreza y viviendo en las precarias condiciones de una sociedad fronteriza como la del Matamoros de esa época, adherirse a la industria del contrabando fue una alternativa riesgosa, un mal necesario, y un remedio a su miseria.

A mediados de la década de los años 60s, a pesar de la imagen de ciudad en busca del progreso y de pueblo honesto y trabajador, Matamoros había alcanzado ya una preeminencia en la escena nacional del crimen, afirmado su reputación de ciudad sobresaltada por las actividades delictuosas. La ideología del tráfico y del contrabando ya había engendrado a un Juan Nepomuceno Guerra,

"El Padrino de Matamoros", de quien se afirma controló por décadas el contrabando en esa ciudad, y cuyo sobrino Juan García Ábrego, llegaría años después a dirigir el poderoso emporio de tráfico de drogas fundado por su tío. A ese Matamoros violento y sobornado por el crimen se enfrentaría el agente Hernández Torres.

IV

Hacia finales del mes de noviembre de 1966, Hernández Torres había recibido información de que un fuerte contrabando sería transportado por la carretera de Matamoros hacia Ciudad Victoria. La noche del 30 de noviembre, el agente federal logró interceptar una camioneta blanca Ford Panel modelo 1960 cargada de contrabando, en su mayoría licor, cigarros, y munición. Después de arrestar al conductor del vehículo, el agente se disponía a transportar la camioneta a Matamoros, cuando los ocupantes de un auto Ford Mustang modelo 1965 se aproximaron al investigador. "*La banda de contrabandistas trató de recuperar la carga y persiguió al agente de la Judicial Federal Heriberto Hernández entablándose un tiroteo con carabinas 30-M-1 y una lucha brutal de vehículo a vehículo en plena velocidad, tratando uno a otro de lanzarse fuera del camino*", informó Rafael Leal de León, reportero del diario de Matamoros, "El Bravo".[11]

Hernández Torres impidió que se llevaran el contrabando, e inclusive logró quitarles el Mustang también. Leal de León relata, en la noticia que ocupó toda una plana de "El Bravo" que los contrabandistas "*lograron reventar las dos llantas traseras de la camioneta y obligar al agente Hernández a bajarse del camino y a detenerse. A unos 70 metros atrás se estacionaron los dos del Mustang 65 también de color blanco y siguió el tiroteo ya desde puntos fijos, pero al comprender que el agente a pesar de estar completamente solo estaba resuelto incluso a detenerlos, huyeron, abandonando el automóvil y la carabina M-1. En esas condiciones, el judicial federal se apoderó del Mustang y emprendió marcha hacia Matamoros para venir a dar aviso y solicitar refuerzo a la Policía Preventiva o al Ejército, pero cuando apenas se retiraba, salieron del monte los dos contrabandistas y subieron a la camioneta panel en que estaba la gran cantidad de mercancía extranjera y así con sus dos llantas reventadas, quisieron llevársela. Sin embargo, el agente Hernández al observar tal cosa, se regresó rápidamente y sin darles tiempo de nada, estrelló el Mustang de frente contra la parte delantera de la camioneta, evitando así que se la llevaran... los vehículos quedaron en el ejido 'La Luz' a unos 9 kilómetros de Matamoros, en el lado oriente del camino...chocados de frente".*[12]

Los siguientes dos meses, Hernández Torres reunió un conjunto de evidencias que incriminaba claramente a los contrabandistas. El chofer de la camioneta permaneció arrestado, mientras que el dueño del Mustang, quien se cree era el líder de la banda de traficantes, logró conseguir un amparo y permanecer al margen del proceso legal en su contra, al tiempo que negaba su implicación en los hechos. Hasta donde se sabe, el tercer hombre implicado no había podido ser identificado ni localizado. El 2 de febrero de 1967, Hernández Torres se enteró de que el contrabandista estaba dentro de la oficina aduanal conocida como "Edificio Puerta México". El agente sabía a la perfección que el delincuente estaba armado, y con su valentía característica procedió a confrontarlo. Testigos que presenciaron el enfrentamiento, declararon después que agente y contrabandista "*se hicieron de palabras*". Imposibilitado de arrestarlo, Hernández Torres trató de que el maleante entregara su arma, sin conseguirlo, y cuando se disponía a salir del edificio, aprovechando que el agente le había dado la espalda, el contrabandista disparó su arma en múltiples ocasiones, hiriendo de muerte al agente federal.

V

A más de cuatro décadas de la muerte de Heriberto Hernández Torres, Matamoros continúa siendo esencialmente una comunidad fronteriza donde el tráfico de estupefacientes y el contrabando de mercancía, han penetrado profundamente en la idiosincrasia y la fibra social de la ciudad. El negocio ilícito del tráfico y del contrabando ya constituía una industria de grandes proporciones en los años sesenta, pero hoy el crimen organizado es una entidad de enorme poderío, alcance, y ganancias multimillonarias.

La delincuencia de Matamoros llevó a consolidar a esta ciudad como la base de operaciones de una de las agrupaciones delictivas más grandes de México: "El Cártel del Golfo". De acuerdo con la Agencia Federal para el Control de las Drogas (DEA), este monopolio, que fuera encabezado desde los años ochenta por Juan García Ábrego, tiene sus cuarteles generales en esa ciudad fronteriza, y distribuye cocaína a estados tan al norte como Michigan, Nueva Jersey, y Nueva York. En 1993, la DEA recibió información indicando que este grupo había pasado de contrabando a Estados Unidos más de 30 toneladas métricas de cocaína, cuyo valor de venta al consumidor fue calculado en cientos de millones de dólares.[13]

Las autoridades mexicanas arrestaron en octubre de 1994 al hermano de Juan García Ábrego, Humberto, acusado de lavado de dinero. También se detuvo a otros traficantes prominentes asociados a este grupo. El 14 de enero de 1996, quien fuera líder del cártel, Juan García Ábrego, fue arrestado por agentes de México, y enviado a Estados Unidos. Ahí se le aplicó una orden de aprensión federal del estado de Texas, que le acusaba de conspiración para importar cocaína, y de manejo de una empresa criminal. Hoy se encuentra en una prisión de estadounidense, sentenciado a once cadenas perpetuas.[14]

Un informe de la DEA difundido en enero del 2005, reveló que actualmente las organizaciones más poderosas de tráfico de droga en México son dirigidas por Ignacio Coronel Villarreal, Joaquín Guzmán Loera, Arturo Beltrán Leyva, Juan José Esparragosa Moreno e Ismael Zamada García. Estos dirigentes forman una alianza conocida como la "Federación", un sindicato organizado del crimen fundado sobre relaciones de muchos años entre los pivotes centrales más importantes de la droga de México. Aunque la organización de los hermanos Arellano Félix y el Cártel del Golfo se han debilitado en la administración del presidente Vicente Fox, todavía continúan controlando los estados fronterizos estratégicos de Baja California Norte y Tamaulipas.[15]

Considerada una de las asociaciones de tráfico de droga más violentas y poderosas de México, se calcula que el "Cártel del Golfo" controla la mayoría de la cocaína, la marihuana, la heroína y otras drogas sintéticas que cruzan la frontera a través de Matamoros, Reynosa y Nuevo Laredo. A pesar de que muchos de los líderes de este cártel han sido asesinados o están presos, sus actuales cabecillas prosiguen la lucha para retener el control, y amenazan a todos los que les desafían. Uno de sus más recientes líderes, Osiel Cárdenas Guillén, está recluido en una prisión federal mexicana. Cárdenas Guillén fue arrestado en marzo del 2003, pero sus seguidores le siguen siendo leales. La presencia del cartel se extiende por trece estados mexicanos, y funciona con un brazo paramilitar, integrado por ex-miembros de las fuerzas armadas mexicanas conocidas como "Los Zetas". Se piensa que probablemente este grupo fue el responsable de la ejecución de seis empleados carcelarios, cerca de la prisión federal de máxima seguridad de Matamoros, el 20 de enero del 2005.[16]

La muerte de agentes federales en Matamoros continúa siendo una funesta y cotidiana realidad. El 29 de octubre del 2004, en una balacera, murió el agente Omar García Jara, de 28 años de edad, mientras que los agentes Joel Melgar y Arturo Hernández Hidalgo resultaron heridos. El enfrentamiento dio como resultado la detención de Rogelio González Pizaña, "El Kelín", jefe de sicarios de "Los Zetas" y uno de los lugartenientes del "Cártel del Golfo".

Estados Unidos ofrecía una recompensa a quien proporcionara datos sobre el paradero de González Pizaña, el "brazo ejecutor" de Cárdenas Guillén, ya que se le imputa el secuestro de agentes del Buró Federal de Investigación (FBI) en 1999. Las autoridades de México le habían girado dos órdenes de aprehensión por delitos contra la salud y delincuencia organizada.[17] El 25 de mayo del 2005, otro elemento de la Agencia Federal de Investigaciones (AFI) resultó muerto en Matamoros en un tiroteo registrado en las calles de esa ciudad, entre presuntos narcotraficantes y policías. La víctima fue Martín Gustavo Hernández, de 30 años de edad, quien recibió un impacto de bala en el pecho, a la altura del corazón, el cual le causó la muerte.[18]

Aunque es un hecho cierto que muchos agentes y policías asignados al combate del tráfico de drogas y el contrabando han sido asesinados por operar en complicidad con las asociaciones delictuosas, una minoría de ellos han sido genuinos servidores de la ley. Su trabajo esforzado y la determinación de cumplir cabalmente con su responsabilidad de proteger a la sociedad, los han llevado a enfrentar riesgos, amenazas y aún la muerte, en el mismo núcleo de una sociedad que desprecia la ley e idealiza a quien la infringe. Dentro de la conciencia pervertida de una ciudad cauterizada por el crimen, la vida de un contrabandista o la de un traficante vale más que la de un hombre íntegro, y el poder y el dinero, más que la dignidad y la vida humana. El escritor norteamericano Ovid Demaris (1919-1998), relata con crudeza en su libro titulado *Poso del mundo*, la frialdad con que pistoleros al servicio de las mafias asesinan a policías corruptos que violan sus normas del crimen. "*Pero aún un buen policía es eliminado si él causa mucho problema*"[19], revela en ese libro un miembro de una organización de tráfico de drogas.

Antes del trágico 2 de febrero de 1967, el agente federal había solicitado su transferencia a otra ciudad, ante el fundado temor de perder su vida en Matamoros. El periodista Luís Ángel Leyva del diario capitalino "El Heraldo de México" incriminó al mismo jefe de la Policía Judicial Federal, el general Enrique Jiménez Delgado, de la muerte de este investigador federal, y de otros agentes: "*El agente, amenazado de muerte, solicitó al general Jiménez Delgado que lo cambiara de sitio, pero no recibió ninguna respuesta. Por carta le explicó al primer subprocurador de la República su crítica situación, suplicándole que intercediera para poder mudarse a otra ciudad, con el fin de salvar su vida. El subprocurador pidió al general Jiménez Delgado que atendiera al agente Hernández, pero don Ramón se negó terminantemente*".[20]

En el epílogo de su vida, y en la consumación de su carrera, el valiente agente fronterizo no eludió la obligación de continuar su trabajo, a pesar del peligro real e inminente. Tampoco sucumbió a la tentación de corromperse por un puñado de dinero, ni se acobardó ante la negativa de sus superiores de protegerlo de una muerte segura. Después de haber sido baleado por la espalda, en un último intento por defenderse, el agente alcanzó a sacar su revólver, y en los momentos finales de su vida, caído sobre el piso, disparó dos veces, hiriendo de muerte al contrabandista. Heriberto Hernández Torres tenía 29 años de edad al morir, le sobrevivieron su esposa y tres hijos, y fue sepultado en un panteón de la Ciudad de México. Así terminó la historia del "cazador de contrabandos". Mientras en Matamoros, lo peor de la violencia apenas comenzaba.

Bibliografía y Hemerografía:

[1, 2] Visiones Mexicanas y otros escritos. Apuntes al vuelo. Excélsior. Septiembre 22, 1959.

[3, 4] Views across the border, the United States and Mexico. The Problem of Identity in a Changing Culture: Popular Expressions of Culture Conflict Along the Lower Rio Grande Border. Américo Paredes. University of New Mexico Press. 1978. (Citas traducidas por el autor).

[5] Border Games, Policing the U.S.-Mexico Divide. Peter Andreas. Cornell

University Press 2000 (Cita traducida por el autor).

[6] Acción, Diario Independiente. El conocido boxeador Pinky Peralta fue detenido por traficar con marihuana. Nogales, Sonora. Noviembre 13, 1961.

[7] El Noroeste, Periódico de la raza y para la raza. Consignan al "Puchitas" como autor del robo a la joyería Omega. Nogales, Sonora. Junio 19, 1963.

[8] El Gráfico, Primer vespertino litográfico de México. Atrapan cuantioso contrabando. Matamoros, Tamaulipas. Diciembre 1, 1966.

[9, 10] Border Cuates, A History of the U.S. – Mexican Twin Cities. Milo Kearney and Anthony Knopp. Eakin Press. 1995 (Cita traducida por el autor).

[11, 12] El Bravo, El periódico de Matamoros. Refriega a balazos tras la captura de un contrabando. Artículo escrito por Rafael Leal de León. Diario independiente de la mañana. Diciembre 1, 1966.

[13, 14] DEA, The Gulf Cartel, Background Information. February 1997 (Cita traducida por el autor).

[15] Congressional Testimony June 14, 2005 Remarks by Anthony P. Placido, Assistant Administrator for Intelligence (Acting) Drug Enforcement Administration, United States Department of Justice Before the House Committee on Government Reform Subcommittee on Criminal Justice, Drug Policy & Human Resources Regarding "Threat Convergence Along the Border: How Does Drug Trafficking Impact our Borders?" (Cita traducida por el autor).

[16] America's Most Wanted. Feature Stories.

[17] Revista Proceso. Capturan en Tamaulipas al principal sicario de Osiel Cardenas. Artículo escrito por Gabriela Hernández. Octubre 30, 2004.

[18] Revista Proceso. Asesinan a un agente de la AFI en Matamoros. Artículo escrito por Gabriela Hernández. Mayo 27, 2005.

[19] Poso del mundo, Inside the Mexican-American border, from Tijuana to Matamoros. Ovid Demaris. First Edition. Little, Brown & Company. 1970 (Cita traducida por el autor).

[20] El Heraldo de México. La policía judicial federal en entredicho. Artículo escrito por Luís Ángel Leyva. Abril 14, 1967.

El sueño de un mundo sin fronteras
Elizabeth y Yolanda, dos madres inmigrantes

Elizabeth Brotons y Yolanda González son los nombres de dos jóvenes mujeres que quedarán siempre unidos por una trágica similitud relacionada con la inmigración ilegal a los Estados Unidos, a donde se proponían emigrar sin sospechar que su travesía las conduciría a la muerte.

Ambas mujeres salieron de sus ciudades de origen acompañadas de sus pequeños hijos. Elizabeth zarpó de Cuba sólo para ser vencida por las grandes olas del Océano Atlántico. Yolanda partió de Oaxaca para caer abatida por los inclementes rayos solares del desierto de Arizona.

El mar fue la tumba para una; la ardiente tierra para otra. Elizabeth sucumbió ahogada; Yolanda deshidratada. En su último hálito de vida, las fallidas inmigrantes languidecieron tratando de salvar a sus hijos. La madre cubana aferró su niño a una cámara de llanta en medio del mar; la madre mexicana dio de beber a su niña las últimas gotas de agua en medio del funesto desierto.

Elián González y Elizama González son los nombres de estos dos niños que quedarán siempre unidos a una fatídica semejanza relacionada con la orfandad en tierra extranjera. Los dos fueron rescatados; Elián de las aguas del océano; Elizama del ardiente desierto. El niño cubano fue rápidamente convertido en el centro de una disputa internacional por su custodia. Elizama fue devuelta de inmediato a México. Elián vivió temporalmente en una lujosa mansión en Washington, DC., y la niña de 18 meses se albergó en una humilde guardería de Nogales, Sonora.

El paralelismo fatal de Elizabeth y Yolanda, habla del adverso sendero que puede tomar la trayectoria de aquellos que intentan emigrar a Estados Unidos. Esto convierte en antítesis el propósito por el cual personas de otros países encaminan sus pasos hacia el norte, y en utopía mítica para quienes el "sueño" se torna en tragedia. La muerte de estas dos mujeres, así como la orfandad de los dos niños, convocan a la reflexión sobre el panorama que matiza con tonos sombríos las intenciones de quienes en busca de un nuevo amanecer, arriban al crepúsculo de sus propias existencias.

Vencidos por las inclementes condiciones climáticas, los ojos femeninos que visualizaron un futuro mejor se cerraron para siempre. Dentro de esa oscuridad melancólica, Elizabeth y Yolanda sueñan con un mundo sin fronteras, sin olas furiosas, sin calores extenuantes. En un país sin pobreza, ni dictaduras comunistas, ni traficantes de seres humanos, las madres inmigrantes buscan un nuevo sendero cada día, cargando en sus morrales las esperanzas rotas. El silencio sempiterno que comenzó cuando terminaron sus vidas es interrumpido solamente por las esporádicas risas de Elián y Elizama. La calma ha vuelto en el océano; la brisa refresca en el desierto.

Elvira Arellano, entre la ilusión y la ley
Del santuario a la deportación

El simbolismo de lucha y resistencia atribuido a la michoacana de 32 años, Elvira Arellano —la mujer que por más de un año se refugió en una iglesia en Chicago para evitar su inminente deportación— se transformó con su detención, el domingo 19 de agosto de 2009, también en un símbolo de las autoridades de inmigración.

Para el Servicio de Inmigración y Aduanas (ICE, por su siglas en inglés), el caso de Arellano, su gran difusión en los medios informativos durante el año previo a su captura, y desde luego la propagación de la noticia de su detención y consecuente deportación, sirvió más para sus fines que para los de la comunidad inmigrante indocumentada.

Con este prominente y tan publicitado caso, ICE mandó su mensaje con fuerza, claridad e inflexibilidad a aquellos que abogan por los derechos de quienes carecen de un estatus legal, y quienes en su afán de permanecer con sus familias en Estados Unidos, tratan de eludir a las autoridades. En ese sentido, el caso de Arellano —madre de un niño ciudadano estadounidense de ochos años de edad— vino a tomar un simbolismo dual tanto de resistencia y como de cumplimiento inflexible de la ley.

Durante un tiempo, la firme resolución de Elvira Arellano se izó como una bandera de batalla para los millones que, al igual que ella, ingresaron a Estados Unidos sin visa ni permiso. Su causa individual llegó a ser el emblema de la lucha e ilusión para obtener una reforma migratoria de millones de individuos y familias, y que a pesar de no tener al menos un permiso de trabajo, se encuentran incrustados en la sociedad y la economía norteamericanas.

El anhelo de la ilusoria reforma se diluyó un par de meses antes de su arresto, cuando el poder legislativo de este país decidió no aprobar ninguna medida para solucionar la volátil situación en que se encuentra sumido el país en el aspecto laboral y de inmigración ilegal.

Elvira Arellano fue detectada trabajando con documentos falsos en la secuela de los ataques terroristas del 11 de septiembre de 2001. La seguridad nacional se tornó hacia las instalaciones aeroportuarias para evitar el posible secuestro de aviones que pudieran ser utilizados en futuros ataques. Arellano trabajaba en la limpieza de aviones en el Aeropuerto Internacional O'Hare, en Chicago, Illinois, y en el contexto de la purga en los aeropuertos, fue detenida en el 2002, al descubrirse que utilizaba un número de seguro social* falso. Después de un proceso legal, un juez de inmigración le ordenó entregarse para ser deportada.

En vez de entregarse, la michoacana se tornó prófuga para el ICE, y prolongó su inminente arresto y deportación al refugiarse en un templo. Desde ahí, Arellano logró no sólo llamar la atención hacia su caso, sino galvanizar la situación de quienes, como ella, aguardan un proceso de deportación y la subsiguiente separación de sus familias. En base de que su hijo Saúl nació en Estados Unidos, la deportación de Arellano representaba la dicotomía de muchas familias en la misma situación: llevarse a su hijo a su país de origen siendo ciudadano, o dejarlo en aquí.

Y ese es precisamente el drama que se desenvolvió en los últimos meses antes de su deportación ayer. Al ser detenida por agentes del ICE en Los Ángeles, California, Elvira Arellano había decidido salir de su santuario que le sirvió de refugio en Chicago, y se disponía a llevar a cabo un recorrido por varias ciudades para levantar consciencia respecto a su caso.

Al verse arrestada, la mujer decidió dejar a su hijo a cargo temporal de Emma Lozano, persona de su confianza y activista comunitaria. El trámite legal de su deportación se aceleró seguramente para evitar dar tiempo a abogados y otros defensores de los derechos de los inmigrantes sin estatus legal de armar una posible defensa. La mujer fue sacada del país al día siguiente y se instaló temporalmente en la ciudad de Tijuana, Baja California, en México, e donde por un tiempo trató infructuosamente de continuar su lucha y regresar a Estados Unidos.

La foto de fichaje de Elvira Arellano tomada por ICE recorrió medios impresos y digitales de comunicación, junto con un sucinto comunicado de parte de las autoridades: "Arrestar y deportar a extranjeros criminales es una de las prioridades del ICE y esta agencia continuará persiguiendo estos casos vigorosamente".

De esta manera, la gran notoriedad de Elvira Arellano como símbolo de resistencia para muchos inmigrantes, se convirtió también en un símbolo de la inflexible aplicación de la ley en un país que insiste en soslayar una realidad ineludible.

* La tarjeta del Seguro Social es un documento muy importante en los Estados Unidos. No solamente sirve para recibir beneficios de jubilación, pero además los empleadores, instituciones financieras, escuelas y las autoridades del gobierno usan la tarjeta de seguro social como una forma de identificación. El sistema del número de Seguro Social en Estados Unidos opera como un sistema complejo que se usa como una cédula de identidad en muchas bases de datos y servicios del gobierno y privadas. Quienes carecen de un número legal de seguro social no pueden obtener empleo. Muchos como Elvira Arellano se ven orillados a usar un número que no les pertenece o ya sea inventado.

Marco Antonio Galavíz
Pintor de titanes

Chinotahueca es una pequeña aldea indígena en el estado mexicano de Sonora, cerca de Navojoa. Desde ahí salió, rumbo a Estados Unidos, Marco Antonio Galavíz, miembro de esa comunidad conocida también como Valle del Mayo. Sus pasos recorrieron su estado natal, y después Arizona, a cuya capital llegó en el verano de 1991. Sin amigos ni refugio, las calles se convirtieron en el hogar de este inmigrante mexicano, quien por los siguientes años pasó a ser otro miembro más de la población indigente de Phoenix, Arizona.

A diferencia de la gran mayoría de inmigrantes ilegales que llegan a la Unión Americana, Marco no emigró con el propósito de encontrar trabajo. En aquel tiempo, su vida se encontraba sin dirección alguna y hundida en el alcoholismo. Dormía lo mismo en las calles que en los albergues de indigentes. Asistía a comedores públicos en donde la comida y otros servicios eran gratuitos. Su único deseo era aprender inglés para poder comunicarse, y con ese propósito asistió a diferentes centros sociales para tomar clases.

Quienes conocieron a Marco en sus tiempos de indigencia, no sospecharon que dentro del alma de ese vagabundo ardía la flama del arte. Su apariencia desaliñada no contrastaba con la de los demás indigentes que deambulaban por las calles del centro de la ciudad, ni con la de los otros hombres con quienes se reunía a beber en edificios abandonados. En los albergues, o dentro de la biblioteca pública de Phoenix donde Marco pasaba largas horas, nadie pudiera haber previsto que años más tarde este joven de larga cabellera se convertiría en un pintor extraordinario.

Después de más de dos años de indigencia, ocio y alcoholismo, Marco concluyó que su vida no podía caer a un nivel más bajo, porque ya había llegado hasta el fondo. Fue en ese punto determinante de su existencia que su camino cambiaría de rumbo, y su latente capacidad artística comenzaría a manifestarse. En 1994 conoció a la mujer que llegaría a ser su esposa, Sheryl; ella lo ayudaría a reincorporarse como un miembro útil de la sociedad. El alcohol y la indigencia quedarían en el pasado.

Al principio, el futuro pintor trabajó como rotulista, después en una tienda *Safeway* empacando comestibles en bolsas, de jardinero en el hotel *Princess*, y como mesero en un restaurante de comida italiana. Durante ese tiempo, Marco tomó clases de pintura y se desenvolvía enseñándose a sí mismo. Más tarde, trabajó para una compañía de arte, donde las circunstancias lo llevaron a la acertada conclusión de que su potencial había alcanzado la plenitud necesaria para independizarse como un pintor y, literalmente, vivir de su talento.

Las obras de arte que Marco produciría en los siguientes años fueron de una impresionante calidad y gran contenido social. En las exhibiciones y festivales de arte en los que participó como el *Spanish Market* en el *Heard Museum*, su obra llamaba poderosamente la atención. Sus pinturas no sólo mostraban su genio artístico y su habilidad estética, sino también su excepcional calidad humana. Los ricos colores, su temática social, y su estilo le valieron que su arte fuera comparado al de Diego Rivera. La peculiaridad de su obra se basó principalmente en una serie de pinturas titulada "Titanes". En esa colección se aprecian figuras de hombres y mujeres de grande estatura, desempeñando trabajos humildes, como acarreando agua de un pozo, cargando leña, o haciendo tortillas.

La mayoría de quienes compraban y admiraban su arte desconocían que sus pinturas eran un homenaje a su familia y a otros miembros de la tribu Mayo de la aldea indígena de Chinotahueca, donde él nació. Así, al mismo tiempo que creó un arte de singular belleza, Marco tomó el tiempo de inmortalizar a su gente, a quienes veía como titanes y guerreros yendo a la batalla diaria de sobrevivir y alimentar a sus hijos. A través de su arte, el pintor sonorense trajo a estas humildes y admirables personas desde ese rincón casi olvidado de Sonora, a galerías y exhibiciones en donde cientos de visitantes, al contemplar sus obras, les homenajeaban sin saberlo.

Marco Antonio Galavíz no solamente era dueño de un gran don creativo, sino también poseedor de un carácter humilde y sencillo, escaso en el mundo de las artes. Su personalidad era mansa y callada; su mirada analítica y penetrante. Su silencio y su percepción reflejaban que de un momento a otro pasaba de una simple plática o una observación, a una concepción creativa que le apartaba del medio ambiente, y le sumergía en el torbellino de su pasión artística. Hombre y artista eran uno sólo. Fue esa amalgama de sencillez y talento que le otorgó a Marco el respeto y admiración de sus allegados.

La mañana del lunes 31 de mayo del 2004, dos semanas después de su cumpleaños número 40, Marco llegó al *Falcon Field Airport* en la ciudad de Mesa, Arizona. Ahí lo esperaba su entenado, el piloto aviador John David Matlock, quien lo había invitado a volar con él en un avión de su propiedad. Poco antes de las nueve de la mañana, el pequeño avión amarillo de la era de la Segunda Guerra Mundial, despegó en un cielo claro y despejado. El experto piloto recorrió aproximadamente ocho millas al norte del aeropuerto, y sobrevolaba el área de la reserva indígena *Fort McDowell*. Después de completar una vuelta, la nave se desplomó en un área desértica. Al caer, el avión quedó destruido por el impacto, y casi consumido por el fuego que se suscitó después del accidente.[1]

El trágico y sorpresivo deceso de Marco Antonio Galavíz cortó de golpe su creciente y exitosa carrera artística. A pesar de la brevedad de su existencia, este orgulloso inmigrante de Sonora deja con su ejemplo de superación y su magnífico arte una memoria grata e inolvidable a todos los que le conocieron. Quizás su obra pictórica llegue algún día a ser parte de un museo, donde generaciones futuras puedan admirarlo. Los restos de este extraordinario ser humano y pintor fueron regresados a Chinotahueca por su esposa Sheryl. Hoy, Marco descansa en la calma nativa de su aldea, en el suave regazo de su tierra de titanes. Mientras que en Phoenix su leyenda también se agiganta.

---

[1] National Transportation Safety Board; preliminary report aviation; NTSB ID: LAX04FA223. Investigator in charge: Jeff Rich. May 31, 2004.

Mario Albert Madrigal, Jr.
La última fotografía

El primer informe fue perturbador. Los padres de un joven de 15 años de edad habían llamado al número 9-1-1 en busca de ayuda para resolver una difícil situación: el adolescente tenía un cuchillo de cocina en la mano, y amenazaba con suicidarse. Alrededor de la una de la madrugada del 25 de agosto del año 2003, oficiales del departamento de policía de la ciudad de Mesa, en Arizona, respondieron a la angustiosa llamada de emergencia de la madre, quien simplemente necesitaba asistencia para llevarlo a una clínica de salud para jóvenes. En vez de ser ayudado, el jovencito recibió una ráfaga de balas disparada por tres de los policías que acudieron al hogar de la familia Madrigal, dejándolo sin vida en el comedor de su casa.

La muerte a tiros de Mario Albert Madrigal, Jr. traía a la memoria dos incidentes igualmente trágicos ocurridos con anterioridad. En abril del 2001, Ali Altug, de dieciséis años, fue muerto de tres balazos a manos de un oficial de policía de la ciudad de Apache Junction, al este de Mesa. En noviembre de 1996, el joven Julio Valerio, también de dieciséis años, fue impactado en veinte ocasiones por siete elementos de la policía de la ciudad de Phoenix. Ambos casos provocaron la indignación y la ira de varios sectores de la sociedad, los cuales condenaron el exceso de fuerza usado para tratar con situaciones que muchos opinaron no debieron llegar a ese grado, ni mucho menos terminar de forma tan violenta con la vida de los dos jóvenes. Así, el suceso acaecido en Mesa en el verano del 2003, sacudía nuevamente la conciencia social de Arizona, y reabría una profunda herida en la comunidad.

Meses antes de esta tragedia, el joven Madrigal, hijo de inmigrantes mexicanos y estudiante de *Westwood High School* había experimentado con el alcohol. En junio del 2003, Mario y Martha Madrigal, sus padres, decidieron ingresarlo al *Banner Desert Behavioral Health Center* —un centro de salud en Mesa— para que recibiera asesoría en cómo superar esa situación, y evitar que se convirtiera en un problema serio. La noche del domingo 24 de agosto, Mario Albert estaba visitando a unos vecinos enfrente de su casa; ahí alguien le proporcionó varias cervezas. Cuando llegó a su casa, sus padres notaron que su hijo había consumido alcohol de nueva cuenta, y decidieron llevarlo al centro de salud. Tras una discusión, Mario Albert salió de su casa. La familia recurrió a las autoridades debido a que a esas horas el centro de salud estaba cerrado, y sabían que sólo con la ayuda de un oficial, el joven podía ser admitido en la clínica. La policía acudió al primer llamado, pero no pudieron encontrar al adolescente.

Más tarde, al regresar a su hogar, el jovencito tomó un cuchillo de cocina, y se recluyó en su cuarto. Sus padres trataron con insistencia que les entregara el cuchillo, pero ante la negativa de Mario Albert, quien se encontraba bajo los efectos del alcohol, se vieron orillados a volver a llamar a la policía. Cuando los oficiales respondieron a la segunda llamada de emergencia, no pasó mucho tiempo después de su llegada para que la crisis escalara, y se precipitara en la violenta balacera que dejó sin vida al muchacho, quien momentos antes ya había sido impactado con una pistola *Taser*, disparada por uno de los policías.

Los noticieros de la televisión de Arizona enfocaron mucha de su cobertura a la trágica muerte ocurrida esa madrugada. Una cadena de noticias transmitió la noticia nacional e internacionalmente. En los días siguientes, los periódicos locales ocuparían por igual mucho de su espacio a informar acerca de este incidente, el cual por su naturaleza se convirtió de inmediato en un caso controversial y polarizador. La similitud de la muerte del joven Madrigal con las de Alí Altug y Julio Valerio, vendría a reforzar la tendencia de la policía de emplear fuerza letal para responder a situaciones en que padres de familia habían solicitado ayuda mediante el sistema de emergencia del número 9-1-1. Cuando las familias Valerio, Altug, y Madrigal contactaron respectivamente el número de emergencia, sólo buscaban recibir asistencia por parte de los oficiales para resolver las crisis en que se encontraban sus hijos. Cada uno de ellos tenía en su poder un cuchillo, y requerían de ayuda especializada para superar problemas relacionados al abuso de sustancias. Inexplicablemente, los oficiales que respondieron a cada una de estas llamadas, en vez de atenuar la situación, mataron a los jóvenes. Invariablemente, los policías involucrados en cada uno de estos casos justificaron sus acciones, asegurando que no tuvieron otra alternativa más que disparar sus armas en contra de los muchachos, quienes en esos momentos de su vida necesitaban más de un trabajador social o consejero, que de una descarga de balas.

Al cumplirse cada aniversario de la muerte del joven Madrigal, sus padres, familiares y amigos se reunieron para llevar a cabo una marcha y protesta frente a la estación de policía de la ciudad de Mesa. Mario y Martha Madrigal vestían camisetas con la imagen impresa de su hijo, con el letrero "Justicia para Mario". Actualmente sostienen una lucha legal para demostrar en un juzgado federal, que los actos de los tres policías que respondieron a su llamado fueron innecesarios, injustificados, y excesivos. En efecto, desde el mismo momento en que su hijo fue impactado diez veces por las balas de los oficiales, la familia Madrigal negó la versión que el departamento de policía de Mesa dio a los medios informativos, en el sentido de que el joven había salido a la cochera de su casa y había atacado a uno de los oficiales con el cuchillo. Mario Madrigal percibió varias irregularidades mientras la policía investigaba la muerte de su hijo, incluyendo el haber visto que el cuerpo había sido movido de su posición original. Eso lo llevó a subirse al techo de la casa de su vecina para tomar fotografías, las cuales muestran claramente el cuerpo de Mario Albert dentro de su casa.

Mario, Martha y su hijo menor, Bryant, no sólo fueron testigos oculares de la forma en que murió el joven de 15 años, sino que estuvieron muy cerca de ser alcanzados por la descarga de quince balas que fueron disparadas dentro de 2.2 segundos, según el informe de una investigación conducida por la Procuraduría del Condado Maricopa. El sargento Orlando Dean y el oficial Richard Henry, declararon que el joven se aproximó de una manera amenazante a otro de los oficiales, Mark Beckett, y que en base a eso se vieron obligados a dispararle. La familia sostiene que su hijo ya había soltado el cuchillo de cocina antes de ser impactado por una de las balas eléctricas de la pistola *Taser*, disparadas previamente por Beckett y otro oficial de nombre Jeffrey Wiedemann. La familia afirma, y lo hizo desde las primeras horas del incidente, que al mismo tiempo que el cuerpo de Mario Albert era sacudido por el efecto de los choques eléctricos e iba cayendo al suelo del comedor, los policías comenzaron la balacera que impactó diez veces el cuerpo del muchacho.

Al observar la escena donde sucedieron los hechos, es más que evidente que los oficiales dispararon excesivamente. Los orificios de bala aún pueden ser observados en varios puntos de la casa. En el punto más alejado de la cochera, desde donde abrieron fuego los oficiales, se aprecia un orificio en la puerta del refrigerador de la familia. En puntos cercanos como en el cuarto de lavar, una bala penetró la puerta que lleva al comedor, incrustándose en la lavadora de ropa. Asimismo, las fotografías tomadas horas después de la muerte de Mario Albert, muestran su cuerpo sobre el piso del comedor, sus pies en dirección al interior de la misma, y en sentido opuesto a la cochera. Estas imágenes, presentadas por la familia, sugieren que habría sido casi imposible que el joven hubiese salido a la cochera, como afirma la versión oficial de la policía, y después de ser baleado diez veces, haber regresado al interior de su casa, y caer en dirección contraria a la puerta. Esa es una de las muchas discrepancias en torno al caso Madrigal, y que se espera sean resueltas en el juicio.

El informe de 1,202 páginas producto de la investigación de los hechos y las circunstancias que rodearon la muerte de Mario Albert Madrigal Jr., ordenada por la Procuraduría del Condado Maricopa, reveló dos meses después que "*tras una cuidadosa consideración de la evidencia, la conclusión unánime y recomendación del comité de revisión de la Procuraduría del Condado Maricopa, compuesto de 16 fiscales superiores, fue que las acciones de los Oficiales del Departamento de Policía de Mesa fueron justificadas y razonables bajo las circunstancias, y por tanto no hay responsabilidad criminal de su parte*".[1]

Esto significaba que los oficiales que dispararon y mataron al joven no serían llevados a un juicio criminal. El voluminoso reporte reveló que el sargento Dean disparó tres veces, mientras los oficiales Henry y Beckett dispararon seis veces cada uno, lo cual suma los quince disparos. Rick Romley, que fuera en esa fecha el procurador, declaró el 29 de octubre del 2003 que "*claramente la evidencia científica desacredita el relato de la familia Madrigal. Este tiroteo fue justificado bajo la ley de Arizona*".[2] Las declaraciones de Romley, y los resultados de la investigación, negaron una oportunidad a la familia Madrigal de presentar sus propias evidencias para sostener su versión de los hechos. Sin embargo, se encuentran confiados que la investigación independiente revelará aspectos que desmentirán la versión de la policía, y aún la misma investigación ordenada por Romley, y que forzarán a una comunidad dividida a revaluar sus opiniones. Por su parte, el Departamento de Policía de la Ciudad de Mesa insiste que después del dictamen del ex-procurador, el caso criminal está cerrado.

Sucesos trágicos como el del caso Madrigal generan una intensa polémica, debido a que las mismas autoridades plantean los hechos de tal manera en que las opiniones de censura a las acciones de los oficiales involucrados se perciban como un ataque a la autoridad, y un reto a la ley y al orden. Con lo anterior, tratan de estigmatizar a quien disienta de su versión oficial, como un individuo que está en contra de la policía, y no en contra sólo de acciones específicas cometidas por unos cuantos elementos del departamento. Así, las familias son víctimas tres veces: de la muerte de su ser querido, del estigma de las autoridades, y de las críticas de diversos sectores de la población. Cuando las autoridades afirman que las muertes violentas causadas por esos policías, particularmente en perjuicio de adolescentes en situaciones de crisis son justificadas, envían un mensaje implícito a la sociedad que propone una teoría casi tenebrosa. Una teoría que da por hecho que, sin importar las circunstancias en muertes como las de Mario Albert Madrigal Jr., Ali Altug y Julio Valerio, un adolescente puede ser acribillado en múltiples ocasiones y muerto, y las acciones de los policías serán justificadas por las mismas autoridades. Esta teoría también crea un antecedente que pronostica que otros jóvenes pudieran morir en las mismas circunstancias, y que los policías serán exonerados.

Para la comunidad, las muertes violentas de jóvenes a manos de oficiales de policía son siempre difíciles de aceptar. En la conciencia social de ciudades sacudidas por casos como el de Mario Albert Madrigal Jr., quizá la pregunta más difícil de responder es ¿por qué se dispararon tantos balazos? Esa y otras muchas interrogantes perduran agobiando la mente por muchos años, pero ninguna posible respuesta parece liberar el pensamiento con una razón justificada que argumente a favor de quienes dispararon el gatillo en tantas ocasiones. Las autoridades, en cambio, siempre tienen una misma historia y una respuesta: los tiroteos son justificados. Obviamente, los departamentos de policía tienen más miedo de las demandas legales en su contra, que valor para reconocer que se equivocaron al terminar sin razones justificables con la vida de un ser humano. Al hacerlo condenan a una familia a la afrenta y la desgracia por el resto de sus vidas, a la sociedad a la desconfianza en sus autoridades, y a sus propios departamentos al deshonor y la vergüenza. Es lógico que todo el mundo cometa errores, pero inaceptable que los policías sean los únicos que no paguen por ellos.

La familia Madrigal aún conserva mucha de la evidencia del

tiroteo que le arrebató a su hijo. Todo permanece casi igual que cuando sucedió la tragedia. Estacionado en la cochera desde aquella fatídica madrugada, un carro blanco permanece empolvado, como testigo mudo de los hechos. Los orificios de las balas en el gabinete de la cocina hablan más que mil palabras. Sobre el cemento de la cochera, desde donde los policías dispararon sus armas, los círculos que marcan donde cayeron los casquillos de las balas dan la idea de una masacre. Mantener cualquier evidencia no es un capricho, sino un recurso clave hasta que concluya el juicio. En la intimidad de su hogar, los padres y el hermano menor de Mario Albert tratan de llevar sus vidas tan normalmente como les es posible. Después de largas horas de trabajo durante la semana, los domingos asisten a la iglesia. Después del servicio, la familia acude al cementerio a visitar la tumba de su hijo.

El viernes 22 de agosto, casi tres días antes de que ocurriera la tragedia, Mario Madrigal salió de su casa para dirigirse a su trabajo. Ese mismo día también llevaría un rollo de fotografías para ser revelado, pero en su cámara quedaba una última foto por tomar, así que cuando sus hijos Mario Albert y Bryant salían rumbo a la escuela, les pidió que posaran para una foto afuera de su casa. Sin sospecharlo, Mario Madrigal estaba tomando la que sería la última fotografía de Mario Albert en vida, y el último día que asistiría a la escuela. La fotografía hoy está puesta sobre el refrigerador, al lado de un orificio hecho por uno de los quince disparos que hizo la policía, de los cuales diez acabaron con la vida del joven que soñaba con ser veterinario y que se hubiera graduado de la preparatoria en mayo del 2005.

[1] Madrigal investigation completed. County attorney review completed. Press release. Maricopa County Attorney. October 29, 2003

[2] East Valley Tribune. Mesa police cleared in teen's shooting; County attorney says officer's lethal force was justified. By Byron Wells and Dennis Welch. October 30, 2003.

A través de toda la historia de Estados Unidos, el gobierno ha dependido en la fuerza, experiencia, y habilidades especiales de trabajadores extranjeros y de inmigrantes para construir esta nación.

El trabajador es el elemento nato de la esencia de una nación de inmigrantes, y el impulsor del sueño americano.

Un miembro de la cuadrilla de inmigrantes indocumentados sostiene un letrero que advierte a quienes manejen bajo la influencia del alcohol que si los encarcelan tendrán que vestir una camiseta rosa mientras recogen basura en las calles.

Reyes Díaz, el inmigrante indocumentado que formó parte de una cuadrilla de presos encadenados que recogen basura en Arizona. "Vine a hacer dinero, a cambiar la vida, pero ahorita preferiria estar en México", dice.

Las cadenas y candados sujetados a sus botas de trabajo, los uniformes de franjas negras y blancas, y las camisetas color rosa que visten los identifican no como jornaleros levantando una cosecha, sino como presos recogiendo basura en un terreno baldío.

Los indocumentados viven con la incertidumbre de que cualquier día las autoridades los cerquen en sus lugares de empleo, y salgan por la puerta de su lugar de trabajo por la que entraron con las manos esposadas.

El credo de la supremacia blanca no sólo enuncia la idea de que los inmigrantes latinoamericanos son inferiores, sino también incluye una expresión provocadora contra ellos, lo cual puede llevar desde simple insultos hasta la agresión física.

La vasta mayoría de inmigrantes ha venido a Estados Unidos en busca de trabajo y la oportunidad de crear una mejor vida para ellos y sus familias. Menos del diez por ciento de los inmigrantes ha venido por razones políticas o religiosas.

Cada grupo de inmigrantes que llega a Estados Unidos tiene que enfrentarse al problema de la "segunda generación": los hijos que nacen en la nueva patria y quienes crecen sabiendo poco o nada de la tierra de origen de sus progenitores.

La carrera del agente federal Heriberto Hernández Torres se caracterizó por su trabajo en ciudades fronterizas de México, como Nogales, Sonora y Matamoros, Tamaulipas. Un reportero lo catalogó como "Cazador de contrabandos".

El Mustang blanco modelo 1966 desde el que los contrabandistas le dispararon al agente. Cuando los criminales trataban de esconder la camioneta panel, el agente regresó rápidamente y sin darles tiempo de nada, estrelló el Mustang de frente contra la parte delantera de la camioneta, evitando que se la llevaran.

La camioneta blanca Ford Panel modelo 1960 que iba cargada de contrabando, y que el agente federal logró interceptar. Los contrabandistas que lo siguieron lograron reventar las dos llantas traseras obligando al agente a bajarse y enfrentarlos en la carretera.

Al cumplirse cada aniversario de la muerte del joven Mario Madrigal, Jr., sus padres, familiares y amigos se reunieron para llevar a cabo una marcha y protesta frente a la estación de policía de la ciudad de Mesa.

Un manifestante sostiene una pancarta que conmemora la muerte del jovencito de 15 años de edad, quien fue baleado por varios policías cuando se encontraba bajo los efectos del alcohol.

Muchos inmigrantes, imposibilitados de obtener empleos en Estados Unidos por no tener permiso de trabajo, salen a las calles a ofrecer diversos productos como las tradicionales paletas de hielo de las neveras móviles.

El plan olvidado de Vicente Fox
Frontera inmutable; frontera invisible

El archivo histórico registra que el 2 de Febrero de 1848, Estados Unidos y México firmaron el Tratado de Guadalupe Hidalgo. Este tratado no sólo daba por terminada la guerra entre ambos países, sino también marcaba el comienzo de la nueva fisonomía geográfica que la demarcación final de la línea divisoria entre México y Estados Unidos representaba. Excepto por las modificaciones menores de territorio que resultaron de la "*Gadsden Purchase*" de 1853, ese fue el último tratado mayor que definió la actual frontera sureña de Estados Unidos.

Antes del descubrimiento del nuevo continente, Norteamérica era una comarca sin fronteras definidas. Los nativos indígenas se habían asentado en esas tierras formando eventualmente tribus. Pero sus territorios habrían de ser erosionados drásticamente con las temporadas, el flujo de tribus rivales, y el advenimiento de los europeos, quienes lejos de ser visitantes temporales, reclamaron esos territorios como suyos, creando distinciones legales y culturales entre sus nuevas posesiones, y señalando la extensión territorial de su conquista.

Fue así como gradualmente los límites y las fronteras comenzaron a trazarse en la faz de esa tierra. Los incipientes mapas señalaban no sólo a los nuevos dueños, sino también la longitud y la anchura de sus dominios. Con las nuevas líneas divisorias contingentemente surgieron el comercio ínter-fronteras, los conflictos territoriales, el formalismo y el control para cruzar de un lado a otro, y las patrullas fronterizas. Lo que vino después es consabido.

El celo con el que Estados Unidos ha tratado ineficazmente de resguardar su frontera sur, contrastó grandemente con la intención de la administración del ex–presidente de México Vicente Fox de "abrir" al tránsito libre de trabajadores a través de esa frontera. La intención hizo eco en algunas editoriales de importantes publicaciones estadounidenses, las cuales percibieron el plan de apertura de Fox como "más beneficioso que dañino", resumiéndolo como el preámbulo de un "hemisferio sin fronteras".

Los editorialistas norteamericanos reconocieron que la propuesta de Fox tuvo un fuerte sentido de lógica. Si el Tratado de Libre Comercio ha permitido el libre flujo de productos a través de la frontera, consecuentemente debía de haber un libre flujo de trabajadores. Las editoriales definieron la idea de Fox como una alternativa para ayudar a solucionar los problemas del flujo de indocumentados y el tráfico de estupefacientes, y como una proposición digna de tomarse en serio. Aún si toda la persuasión y el talento de quien dirigió el destino de México desde el año 2000 hubieran logrado abrir la frontera, esto hubiera tomado, de acuerdo al mismo Vicente Fox, alrededor de una década. Después de los ataques terroristas del 11 de septiembre, la idea de Fox resultó absurda.

Si el archivo histórico del futuro registrará un nuevo tratado entre estas dos naciones es ignoto. Lo que sí es conocido es que por su mutua geografía, y el reto común de avanzar hacia el progreso global, las dos naciones están obligadas a plantear nuevas posturas enfocadas a resolver los problemas que ambas comparten.

Indudablemente, la frontera que se trazó hace más de ciento cincuenta años permanecerá inmutable, pero el advenimiento de una nueva era, y el desafiante contexto socio-económico de estos dos países, quizá la convierta, teóricamente, en una frontera invisible para el progreso.

Estados Unidos,
crisol y sinónimo de inmigración
Análisis de la política migratoria estadounidense

"Los Estados Unidos de América tiene una larga tradición de acoger a inmigrantes de todas partes del mundo y de valorar sus contribuciones. Los inmigrantes siguen enriqueciendo nuestra nación, y preservando su legado de libertad y de oportunidades para todos".[1]

"Bienvenidos a los Estados Unidos de América"
Guía para nuevos inmigrantes

A través de los años, Estados Unidos ha sido considerado una "nación de inmigrantes". El hecho de que la Unión Americana sea un crisol de muchas diferentes culturas, razas, y religiones no sólo la ha convertido en un país único en el mundo, sino también ha moldeado su carácter nacional. Por más de tres siglos, varios grupos étnicos, culturales y sociales han arribado a sus costas y fronteras. Unos para reunirse con sus familiares, otros buscando oportunidades económicas, refugio de persecuciones políticas o religiosas, pero siempre trayendo consigo esperanzas y sueños. Los inmigrantes contribuyen de esta manera a enriquecer y vigorizar la vida de esta nación.

Hoy en día es evidente, a pesar de la composición multinacional de este país, ver cómo los medios de comunicación presentan a los recién llegados como criminales. En los noticieros y algunos programas de radio, se muestra el creciente desprecio de algunos sectores de la sociedad en contra del inmigrante. Los políticos y periodistas fallan con frecuencia en señalar la diferencia entre inmigrantes legales o ilegales. Por tanto, mucho de lo que se lee y escucha está basado en percepciones erróneas y en prejuicios.

Hace algunos años se calculaba que menos de un millón de nuevos inmigrantes llegaba anualmente a Estados Unidos. De esa cifra, se estimaba que 700 mil entraban como residentes legales permanentes, y que otros 100 mil ó 150 mil entran legalmente por igual, pero en calidad de refugiados, y otros huyendo de persecuciones. Los inmigrantes indocumentados constituían sólo el uno por ciento del total de la población estadounidense. Contrario a la creencia popular, la mayoría de estos inmigrantes no entraron al país ilegalmente cruzando la frontera con México o Canadá. En realidad, la mayoría –seis de cada diez– habían entrado a Estados Unidos legalmente, con visas de estudiante, de turista o de negocios, pero al expirar el término de sus visas, no regresaron a su país de origen.

Cifras reveladas por el *Pew Hispanic Center* en septiembre del 2005, revelan que el número de inmigrantes que vienen a los Estados Unidos cada año, legal e ilegalmente, creció muy rápidamente a mediados de la década de los años noventa, teniendo un incremento en el final de la década, y después declinando substancialmente después del 2001. Para el año 2004, la afluencia anual de personas nacidas en el extranjero decreció un 24%, en comparación con la cifra más alta en el 2000. En vez de experimentar un aumento continuo en niveles de inmigrantes, como se percibe comúnmente, Estados Unidos experimentó un marcado excedente en el flujo de la inmigración durante la década pasada, la cual tuvo un principio, una mitad y un final diferentes. El reporte revela que a partir del comienzo de la década hasta la mitad, poco más de 1.1 millones de inmigrantes llegaron a Estados Unidos cada año, en promedio. En los años con niveles más altos –1999 y 2000– la afluencia del flujo anual era cerca de 35% más alto, llegando a 1.5 millones. En el 2002 y 2003, el número que venía al país volvió a la marca de alrededor de 1.1 millones. Este patrón básico del aumento, el excedente, y la declinación es evidente para los que son nacidos en el extranjero de cada región del mundo, y para los inmigrantes tanto legales y los no autorizados. En el 2004, la inmigración volvió de nuevo a exceder 1.2 millones. Si este movimiento predice aumentos posteriores o no, es imposible de predecir. Pero aún con este aumento reciente en la migración, los datos más recientes demuestran que los flujos de inmigración están en niveles comparables con los de la mitad de la década de los años noventa, y aún significativamente debajo de los niveles máximos de 1999 al 2000.[2]

Casi todos los inmigrantes legales, aproximadamente ocho de cada once, vienen para reunirse con familiares cercanos. Esta categoría de inmigrantes entra ya sea como parientes inmediatos (esposas, esposos, hijos menores de edad no-casados o padres) de ciudadanos americanos, o a través del sistema preferencial de familia para parientes de residentes legales y parientes de ciudadanos americanos. Existe un número limitado de visas expedidas para familiares inmediatos de ciudadanos americanos. El sistema preferencial de familia es aún más restringido y limita el número de visas por año en las cuatro categorías, aunque el periodo de espera para recibir una visa es muy largo. Es fácil ver que la reunificación familiar es el fundamento de la política del sistema de inmigración. Esa es verdaderamente una de las áreas más visibles en la política gubernamental en la cual se apoyan y fortalecen los valores de la familia. Es necesario reconocer que la unificación familiar se traduce en lazos familiares más fuertes, los cuales a su vez construyen comunidades más sólidas.

La segunda prioridad del sistema legal de admisiones permite a empleadores traer a un número relativamente pequeño de trabajadores capacitados de otros países, cuando no hay suficientes ciudadanos americanos disponibles para llenar las vacantes de trabajo. Esto no significa que Estados Unidos evada la responsabilidad de educar y capacitar a individuos que ya residen aquí. Sólo quiere decir que el gobierno reconoce la necesidad de atraer de todas partes del mundo, a individuos talentosos y diligentes para trabajar, y asimismo de adquirir experiencia y conocimiento que con frecuencia se requiere. Este concepto no es nuevo. A través de toda la historia de este país, el gobierno ha dependido en la fuerza, experiencia, y habilidades especiales de trabajadores extranjeros y de inmigrantes para construir esta nación. En 1610, artesanos italianos ya habían sido traídos al Nuevo Mundo por la Colonia de Virginia para comenzar oficios en la industria del vidrio. A mediados del Siglo XVIII, fabricantes de Estados Unidos se anunciaban en publicaciones europeas, ofreciendo pasajes gratis a todo hombre que quisiera venir a trabajar en sus fábricas.

La frase "*Dadme sus cansados, sus pobres, sus muchedumbres oprimidas deseosas de respirar libres*", no es solamente retórica, sino la promesa de Estados Unidos de asegurar que aquellos hombres y mujeres valientes quienes enfrentan peligros tales como la llamada "limpieza étnica", la opresión religiosa, la tortura y aún la muerte, tengan un lugar de refugio. A causa de que Estados Unidos fue fundado mayormente por aquellos quienes huyeron de diversas clases de persecución política y religiosa, su responsabilidad histórica es la de una nación defensora de los derechos humanos. Por esa razón, la presente actitud de rechazo y desprecio hacia nuevos inmigrantes, representa una enorme contradicción de esos mismos principios, y pone en entredicho la misión de una nación de inmigrantes.

---

[1] U.S. Department of Homeland Security, U.S. Citizenship and Immigration Services, Office of Citizenship, Welcome to the United States: A Guide for New Immigrants, Washington, D.C., 2005

[2] Rise, Peak and Decline: Trends in U.S. Immigration 1992 – 2004, by Jeffrey S. Passel and Roberto Suro. Hispanic Pew Center © 2005 (Cita traducida por el autor).

La inmigración, sangre y sudor de Estados Unidos
Mitos y realidades

En una sociedad multicultural como la de Estados Unidos, las opiniones y conceptos que se tienen acerca de individuos recién llegados a este país son con frecuencia el resultado de la falta de información, los prejuicios, la intolerancia y la mala voluntad, más que ser el producto de hechos verídicos y reales. Las actitudes preconcebidas y los estereotipos fomentan generalmente un ambiente social volátil, causando conflictos y enfrentamientos, lo cual consecuentemente deterioran las relaciones humanas.

No hay duda de que la inmigración está intrínsecamente relacionada con la idiosincrasia estadounidense, pero la sociedad americana ha sido envenenada por mitos y falacias tendenciosas acerca de los nuevos inmigrantes, particularmente de aquellos que no provienen de un origen étnico anglosajón. La intransigencia y rechazo de los ciudadanos y de inmigrantes que llegaron antes, coartan el ambiente receptivo que los recién llegados necesitan para adaptarse a un mundo diferente y extraño para ellos. Y es en un entorno de hostilidad, burlas, insultos, desigualdad, racismo y discriminación en el cual tienen que superar a lo que por sí solo ya representa un desafío, el adecuarse a su nueva vida.

Uno de esos mitos, quizás el más recurrente y pernicioso, es el que supone que los nuevos inmigrantes les quitan el trabajo a los ciudadanos. La realidad de este mito es un axioma bilateral. Primeramente, la gran mayoría de las ocupaciones a las que se dedican los nuevos inmigrantes no requieren comunicación verbal o escrita en inglés, entre las cuales se pueden enumerar las de lavaplatos, limpieza de edificios, lavado de autos y cosechas, entre otros. Sobra decir que las anteriores labores no requieren el uso de habilidades especiales ni de una capacitación formal, y por lo tanto la paga es muy baja, regularmente el salario mínimo. A causa de lo anterior y al esfuerzo físico requerido, los ciudadanos americanos eluden esos trabajos.

Algunas cifras revelan que los inmigrantes crean nuevos empleos. Varios estudios han demostrado que ellos están más inclinados a trabajar por sí mismos y a comenzar sus propios negocios. El 18 por ciento de los comerciantes en pequeño son inmigrantes, y sus negocios generan el 80 por ciento de las nuevas plazas disponibles en Estados Unidos.

Otro de esos mitos es el que argumenta que los inmigrantes causan pérdidas a la economía estadounidense. La realidad es que, colectivamente, los inmigrantes ganan $240 mil millones de dólares anuales en ingresos, pagan unos $90 mil millones de dólares en impuestos al año, y reciben unos $5 mil millones en programas de asistencia social. El ingreso de trabajadores inmigrantes, aún si carecen de documentación legal para trabajar, es sujeto al cobro de impuestos, en cambio no son elegibles para recibir beneficios del sistema de bienestar social.

Se piensa también, erróneamente, que los inmigrantes contribuyen muy poco a la sociedad americana. La realidad muestra otra vez que lo anterior es otro mito más, ya que aparte de sus significantes aportaciones económicas, los recién llegados ayudan a formar y moldear la vida nacional. La mayor parte de los grupos de inmigrantes creen firmemente en la unidad de la familia. Estadísticas muestran que ellos tienden más a vivir dentro de un núcleo familiar que los americanos, a contraer matrimonio, a tener más hijos, y su porcentaje de divorcios es menor que el de los nativos. Los inmigrantes también conceden gran valor a la educación, especialmente los de origen asiático. En algunos grupos de inmigrantes, esta inclinación es menor, ya que muchos de ellos llegan con niveles escolares muy bajos y aún analfabetos, sin que esto signifique que su aportación sea menos relevante.

Con esos y otros mitos, la corriente principal de la sociedad estadounidense trata de opacar la importante participación de los recién llegados, cuando en realidad, la sangre y el sudor de los nuevos inmigrantes es parte vital de ese fluido que ha convertido y afirmado a la Unión Americana como una nación de gran poderío e influencia mundial.

Los inmigrantes, pilar económico
El destino demográfico de Estados Unidos

No es difícil imaginarse el caos que se propagaría a lo largo y ancho de la gran Unión Americana si todos los inmigrantes, legales e indocumentados por igual, fueran deportados a sus países de origen para acabar con la esquizofrenia que muchos americanos padecen por la inmigración. Ese escenario representaría, en realidad, más que un caos; significaría, entre otras muchas cosas, un terremoto económico y laboral que sacudiría los cimientos de la nación más poderosa del mundo, y causaría sin lugar a dudas una catástrofe de enormes proporciones.

Los alimentos escasearían y su costo se elevaría mientras que las cosechas se perderían por no haber quien las recogiera. Los cuartos de los hoteles quedarían sin ser aseados, las albercas de las lujosas mansiones se convertirían en fosos sépticos, las hierbas arruinarían los jardines y el pasto crecería sin control, los taxis desaparecerían por no haber quien los manejara, los restaurantes quedarían desatendidos, y la construcción de casas detendría su acelerado ritmo; el progreso de la nación se paralizaría.

Pero en la opinión de muchos políticos y ciudadanos americanos, los inmigrantes son una epidemia que tiene que erradicarse del suelo estadounidense. La mayoría de las encuestas muestran que alrededor de dos terceras partes de la población le gustaría reducir la inmigración. Esa cifra incluye, vergonzosamente, a residentes que emigraron con anterioridad, y que después de haberse establecido, expresan su hostilidad para recibir a más gente que como ellos, han venido más recientemente a suelo americano.

En contraste, aproximadamente la misma proporción piensa

que la inmigración es buena, y que las familias tienen derecho a traer a sus parientes. La razón de eso puede ser que los inmigrantes personifican la epitome del "sueño americano", y porque en una nación fraguada por inmigrantes, la presencia de los recién llegados simboliza la fuerza nacional. Sin la aportación de los inmigrantes, la sociedad se desintegraría. Cualquiera que sea el punto de vista acerca de la inmigración, la contribución de los inmigrantes legales es substancial para la vida diaria estadounidense.

Estados Unidos gasta una fortuna tratando de detener la inmigración ilegal, y paga otra fortuna en servicios que desempeñan inmigrantes que lograron entrar y obtener algún trabajo. La mayoría de los norteamericanos protestan cuando miran escenas en la televisión que muestran a individuos ingresando ilegalmente al país en la línea fronteriza, pero dicen poco o nada cuando se sientan a una mesa a ser servidos, contratan los servicios de una empleada doméstica o un jardinero, o llevan a lavar sus autos. Lo que observan cuando reciben este tipo de servicios son hombres y mujeres que desempeñan trabajos duros con esfuerzo y dignidad, superando muchas veces la calidad y excelencia de los mismos nativos, y a un costo mínimo.

Sin inmigrantes, nadie se quiere imaginar lo que ocurría en Estados Unidos. Quizás si un gran número de ellos decidieran regresar a sus lugares de origen, el país comenzaría a apreciar la enorme contribución que ellos representan para la grandeza de esta nación, y a aceptar que su destino demográfico estará por siempre hilvanado por el mismo hilo que entretejió su grandeza en el principio: la fibra inmigrante.

Los latinos en California, regreso al futuro

Un estado en donde la "minoría" es mayoría

Los anglosajones, o "blancos", ya no son el grupo mayoritario en el estado más poblado de la Unión Americana, California. Este hecho histórico representa un profundo impacto político y social en un lugar donde la diversidad étnica ya no es un concepto futurístico sino una realidad diaria.

Eso es precisamente lo que los conteos del Buró del Censo de Estados Unidos revelaron, que los blancos de California (no de origen hispano) se sumergieron a un 49 por ciento en algún punto de 1999. La pérdida del estatus mayoritario de los blancos se debió a que muchos de los residentes se fueron del estado o fallecieron, mientras que los inmigrantes hispanos y asiáticos continuaron llegando a California, estableciéndose y formando familias.

El político demócrata Cruz Bustamante declaró en una ocasión que esperaba que esos resultados hicieran ver a la diversidad étnica de ese estado como un motivo de celebración y no de consternación. "Si no hay mayorías —afirmó— entonces tampoco hay minorías. Tal vez ahora podamos llamarnos unos a otros simplemente Californianos".

California es el mismo estado que en la década de los 90s sufrió por el divisionismo creado por los ataques en contra de los inmigrantes, y la transformación demográfica causada por ellos. Ahora, en los primeros años del siglo XXI, está experimentando una ofensiva en contra del ataque mismo. Mucho del rencor de los años 90s, década que incluyó medidas legislativas para cortar los servicios sociales a inmigrantes ilegales y para terminar con la educación bilingüe, parece haber disminuido ante el gran auge económico que se está viviendo, al cual contribuyen lo mismo niñeras salvadoreñas a quienes se le paga poco, como empresarios en computación de Sri Lanka por igual. Así, en donde una vez los furiosos votantes de California vieron a los inmigrantes como una pérdida neta, ahora los ven como una ganancia.

La transformación de California en una "minoría mayoritaria" ocurrió a la velocidad de un relámpago, en un estado de aproximadamente 33 millones de residentes. De 1990 a 1999, período que abarcó el más reciente censo, la población Latina de California creció en un 35 por ciento, esto es a 10.5 millones, mientras que la población Asiática y de las islas del Pacífico aumentó en un 36 por ciento. Los Afro-Americanos, entre tanto, crecieron de 2.1 millones a 2.2 millones.

Durante el mismo período, el número de blancos de origen no hispano decreció en un porcentaje de población total y en números reales. La última vez que los blancos no representaban una mayoría fue en 1860, de acuerdo al Departamento Financiero de California, cuyas propias cifras indicaron que el estado no vendría a ser más que 50 por ciento minoritario hasta algún punto del verano del año 2001.

A causa de este cambio demográfico, no es de extrañarse que un latino, Antonio R. Villaraigosa sea el actual alcalde de Los Ángeles, California. Él es el primer latino de esta ciudad en ocupar la alcaldía desde 1872, cuando Cristóbal Aguilar gobernó la capital californiana de 1866 a 1868, y nuevamente de 1870 a 1872. En ese tiempo, la población de California apenas era de seis mil habitantes. Villaraigosa fue elegido en la elección del 17 de Mayo del 2005, derrotando a James Hahn, quien era el actual alcalde.

Actualmente en California, la presencia mayoritaria de los blancos ha pasado a la historia. Retrospectivamente, eso evoca los tiempos en que justificándose por su "Destino Manifiesto", los anglosajones despojaron de sus tierras a quienes eran los auténticos residentes de California, adueñándose a la fuerza de lo que ellos consideraron ser su destino. Pero a los anglosajones en California su propio destino los ha alcanzado, mientras que los hispanos están de regreso al futuro.

La "migra", los rancheros
y los "coyotes"
Los derechos humanos de los inmigrantes

La suma total del número de emigrantes mexicanos muertos en su intento de adentrarse a los Estados Unidos equivale a más de un ser humano muerto cada día del año. La reveladora cifra es desdichada, teniendo en cuenta el anhelo tenaz con el que muchos latinoamericanos, la mayoría de ellos de origen humilde, parten de sus comarcas para no volver a ellas jamás. El trágico final de sus existencias contrasta así con el principio halagüeño de sus caminatas hacia "el norte", a donde se dirigieron sin suponer el sinnúmero de obstáculos humanos y climatológicos a los que se enfrentarían.

El orgullo nacional y la xenofobia de los latinoamericanos hacia los anglosajones condenan de inmediato la áspera actitud de los agentes inmigración, así como las tácticas empleadas por el Departamento de Justicia para detener el flujo de inmigrantes. Aunque el cometido legítimo de esta dependencia gubernamental es proteger la frontera sur con México, en la mayoría de los casos no se le puede responsabilizar directamente de la muerte de la gran mayoría de emigrantes. Pero tampoco puede soslayarse el hecho de que en forma indirecta, las autoridades tanto de México como de Estados Unidos han provocado que cientos de seres humanos busquen rutas alternas para intentar evadir sus retenes, adentrándose así a zonas inhóspitas y de clima inclemente, causándoles la muerte.

Arisca por igual es la postura de los dueños de las propiedades fronterizas que son invadidas por cientos de inmigrantes. Estos rústicos rancheros son de armas tomar y se han unido para vigilar sus terrenos en contra de la incesante intrusión de quienes traspasan, sin darse cuenta, sus propiedades privadas, dejando a su paso una estela de basura, cercas quebradas, y causando diferentes daños en perjuicio de los rancheros, de quienes se entiende el malestar de su agravio, pero se condena su conducta criminal e infrahumana. Si a la desorientación geográfica de los inmigrantes se le suma la frustración creciente de los rancheros por la inhabilidad del las autoridades inmigración para detener la inmigración ilegal a Estados Unidos, el resultado son insultos, amenazas y ¡balazos!

A estos rancheros de conducta sobresaltada e inculta memoria, es necesario recordarles que sus ancestros fueron los primeros en poner el ejemplo al no sólo invadir, sino apropiarse de terrenos que no les pertenecían. En 1848, muchos de los mexicanos que vivían en las áreas que México había perdido a causa de la guerra con Estados Unidos permanecieron en ellas, habiéndoseles asegurado por el Tratado de Guadalupe Hidalgo que se les respetarían sus derechos. Muy pronto aquellos mexicanos fueron despojados de sus legítimas propiedades ya que "*los norteamericanos vieron poca necesidad de respetar los derechos del pueblo mexicano una vez que la guerra había terminado. Muchos anglos decidieron ignorar el Tratado de Guadalupe Hidalgo. Toda tierra que ellos quisieron la tomaron, sin importarles si tenían el derecho o no*".[1]

En este sombrío escenario fronterizo no puede esquivarse el papel mercenario que juegan los traficantes de seres humanos, los infames "coyotes". Su participación nefasta es similar a la de los contrabandistas de drogas: son la oferta para la demanda de un mercado negro, siniestro y mortal. Además de cobrar altas cantidades de dólares, estos individuos asaltan, violan, estafan y asesinan a sus propios paisanos. Su estratégica posición y su nato conocimiento de las zonas fronterizas los hace forzosos guías para quienes se aventuran a esta arriesgada travesía. Son estos usureros, rateros, y deshonestos individuos que ávidamente acechan a quienes contratan sus "servicios" los responsables de muchas muertes. Estos criminales abandonan a los desafortunados seres humanos al menor riesgo de ser descubiertos, o los envían a caminar por zonas inhumanas en donde los emigrantes terminan perdidos, extenuados y agonizando sin ninguna ayuda.

Tanto las autoridades de inmigración como los rancheros y los "coyotes", yerran al ver que aunque pudiesen clamar su obligación de, unos, proteger sus fronteras, otros, defender sus ranchos, y los últimos de ganarse el sustento, el asunto de los inmigrantes debe de ser visto ultimadamente como un asunto de derechos humanos. Sí bien es cierto que un inmigrante viola algunas leyes migratorias al ingresar sin documentos, traspasa propiedades privadas, y se ve obligado a ser guiado en su cruce, nada de lo anterior justifica que sea tratado inhumanamente.

Más allá de cualquier idioma, nacionalidad, o grupo étnico, un emigrante es un ser humano donde quiera que se encuentre, en cualquier camino que transite, o país que llegue.

Bibliografía:

[1] Garver, Susan, McGuire Paula. Coming to North America, from México, Cuba, and Puerto Rico. 1981. (Cita traducida por el autor).

El "coyote" triste
Un "pollero" en la jaula

Sigfrido* tiene todo el tiempo del mundo para pensar en sus errores. Y aún quizás para aprender de ellos. Él ha estado preso desde hace más de un año en el Centro de Readaptación Social (CERESO), una cárcel en Sonora, llamada también "CERESO II de Nogales", ubicada en el área conocida como el Kilómetro 21, al sur de la ciudad fronteriza de Nogales. Ahí fue a parar después de que un agente de la Policía Federal lo arrestó cerca de la ciudad de Sásave, cuando transportaba a un grupo de personas rumbo a Estados Unidos. Es que Sigfrido es un "coyote", o lo era, antes que lo atraparan.

Su esposa, una joven mujer México-Americana de fuertes rasgos indígenas, refleja en su rostro un aire de tristeza al relatar las peripecias que llevaron a Sigfrido a perder su libertad.

"Él es muy buena persona" —dice Mary— "muy trabajador. Sólo cuando tomaba y se drogaba se portaba mal, y hasta me pegaba. Pero ahora en la cárcel ha cambiado; siempre hago que él me jure que no va a volver a lo mismo cuando salga".

Con cierto orgullo y una sonrisa tímida, Mary dice que Sigfrido está asignado a la "federal uno".

"Los de arriba de donde está él son los de la 'común uno'. Ellos tienen peleas de box ahí en la cárcel o juegan fútbol. Los de la 'federal' siempre les ganan a los otros".

Pero la sonrisa de Mary desaparece cuando se acuerda que a Sigfrido no lo han querido ayudar ni sus tíos, que fueron los que lo metieron en eso.

"Te decía que él es muy trabajador. Él ganaba buen dinero, y en donde trabaja había un gringo que lo quería mucho. Cuando se dio cuenta que Sigfrido no tenía papeles, le dijo que se consiguiera unos para poder seguir trabajando, pero después sus tíos le dijeron que les ayudara a traer gente de México. Así se metió de 'pollero'".

Para recoger a la gente en poblaciones de Sonora como Naco, Sásave o Altar, Sigfrido tenía que recorrer grandes distancias. Después de cruzar la línea fronteriza, Sigfrido caminaba con la gente hasta Arivaca, antes de llegar a Tucson, y ahí alguien más los recogía para llevarlos a diferentes ciudades de Estados Unidos.

"Él era muy buen 'coyote'" —opina Mary. "Cuidaba mucho a la gente, especialmente a las mujeres; si llevaban niños, Sigfrido los cargaba. Te digo que es muy buena persona".

Pero Mary reconoce también que Sigfrido, un chihuahuense de veinticuatro años, la trataba mal cuando estaba con ella. Cuando se casaron, ella tenía dieciséis años y él veinte. De eso hace cuatro años.

"Al principio él no me pegaba, pero cuando empezó a juntarse con su primo comenzó a cambiar y a pegarme. Pero me pegaba sólo cuando tomaba o se drogaba. Una vez fuimos a de donde es él, y allá me pegó también. Como que quería enseñarle a su familia cómo me trataba, que vieran que me controlaba. Su familia me dijo que cuando él vivía en Chihuahua no tomaba tanto, ni hacía droga. Fue aquí donde él comenzó a tomar mucho y a drogarse. Hacia coca. Pero ahora en la cárcel no toma ni hace drogas. Ya no está flaco, hasta él reconoce que ya se puso gordito".

Mary vive en Tucson, en el estado de Arizona, al suroeste de Estados Unidos. Ahí nació hace veinte años, y conoció a Sigfrido cuando tenía quince. Ahora tiene dos niñas, resultado de su matrimonio, a quienes lleva con ella cada sábado a la cárcel a visitarlo.

"Me voy en el bus hasta Nogales y llego el sábado temprano. Cuando hace frío como ahorita, abren la cárcel a las seis de la mañana. Ahí nos dejan quedarnos todo el día. Antes nos dejaban estar con él toda la noche, hasta que los presos se enojaron una vez porque algo pasó, y no dejaban entrar a los familiares para verlos. Se pusieron máscaras, ¿pasamontañas?, sí, de esas, y comenzaron a matar a otros presos. Ellos hacen sus propios cuchillos ahí en la cárcel. Desde entonces ya no te dejan quedarte con niños toda la noche, sólo a la 'conyugal', si vas sola".

En el CERESO, las familias no sólo pueden visitar a los presos los fines de semana, sino incluso pueden "acampar", poner una tienda de campaña y pasar ahí todo el día. Es lo que Mary hace fielmente cada sábado, a pesar de que esto le representa aproximadamente un trayecto de tres horas de camino, cruzar la frontera entre México y Estados Unidos, y luego el regreso.

"Si no lo quisiera no fuera a verlo" —confiesa Mary. "También se me hace feo por las niñas; ellas necesitan ver a su papá. A la mayorcita, la que tiene cuatro años, le digo que su papá está trabajando, porque ella ya pregunta, pero no entiende. Ojalá que salga pronto. Le habían dado cinco años pero le revocaron la sentencia. Le van a ser otro juicio, y a ver si ahora sale con fianza".

Sigfrido, a quien en la cárcel le conocen como "el Frido", ha logrado adaptarse al ambiente del CERESO. Ya hasta se "compró" una cama, o al menos el derecho a usar una.

"Cuando apenas lo metieron" —relata Mary— dormía en el suelo. Ahí los otros presos tienen controlado casi todo, como las camas. Cuando alguien se va y una cama queda vacía, otro la toma. Si alguien la quiere, se la venden. Ahora Sigfrido ya tiene su cama. También trabaja; hace huaraches y cuadros del 'santito' que usted le pida. Los otros presos también trabajan. Ahí hay un gringo que está preso también; lo agarraron en México queriendo pasar con droga. Me da lástima; casi nadie habla con él porque no sabe español. Él toma fotos, es lo que él hace. Toma fotos con una *polaroid* a los presos con sus familias. Anda caminando y gritando '¡fotos!', aunque antes decía '¡jotos!', hasta que le dijeron que se decía 'fotos'. Pobre, a él nadie lo visita. Cuando vamos a visitar a Sigfrido, por lo menos él no se la pasa tan mal, se pone bien contento cuando llegamos, aunque también ya quiere salir y estar con nosotras en la casa. Pobre, se pone re triste cuando nos venimos. Te digo que es muy buena persona".

* Debido a un acuerdo de confidencialidad, el nombre "Sigfrido" ha sido usado en lugar de su nombre verdadero.

¿Licencia para trabajar?

Los indocumentados y las licencias de manejo

Casi cada año, algunos legisladores hispanos en el estado de Arizona reinician la lucha para conseguir que se apruebe una ley que permita a los inmigrantes indocumentados obtener una licencia de manejo. Actualmente, una licencia es negada a cualquier persona que no pueda probar su estatus legal en este país. Durante algunas de las más recientes sesiones legislativas, la propuesta ha sido derrotada, dejando a miles de indocumentados manejando en el marco de la ilegalidad.

Lo anterior no siempre fue así. El Departamento de Transportación de Arizona (ADOT) concedía licencias de manejo sin importar el estatus legal del solicitante, siempre y cuando presentara un acta de nacimiento y dos identificaciones válidas, además de pasar el examen escrito y práctico de manejo. En esas circunstancias, cualquier persona que cumpliera esos requisitos podía obtener la licencia, sin importar si era ciudadano, residente legal o inmigrante indocumentado.

El cambio posterior en las leyes modificó los requerimientos para obtener licencias de manejar, requiriendo que todo solicitante de una licencia compruebe su estatus legal. Sólo quienes demuestren con documentación legal su ciudadanía o residencia permanente, serán los únicos que estarán en condiciones de manejar legalmente en Arizona.

El trasfondo político y legal del cambio en la ley para obtener la licencia de manejo no tuvo que ver con el aspecto vehicular, sino con el laboral. La intención de tal maniobra legislativa fue restringir la posibilidad de que inmigrantes indocumentados obtengan trabajo ayudándose de la licencia de manejo. En cierto sentido, en Arizona, y en casi todo Estados Unidos, una licencia es un requisito indispensable para obtener empleo. Una licencia de manejo permite a empleadores contratar a un trabajador, especialmente si la ocupación consiste en el movimiento de vehículos.

Como ejemplo se pudiera utilizar un empleo en una agencia de renta de autos. Estas compañías contratan típicamente a cientos de individuos para realizar la limpieza de los vehículos. Como es de imaginarse, este trabajo no requiere que la persona hable inglés, paga el sueldo mínimo, y es generalmente un tipo de empleo muy buscado por los inmigrantes. Pero por la naturaleza de esta industria, los empleadores exigen que quienes solicitan este tipo de trabajo tengan la licencia de conducir, ya que las compañías aseguradoras de autos proveen cobertura sólo a quienes tienen licencia.

Dado lo anterior, y por la necesidad de mano de obra barata, las compañías de renta de autos contrataban a personas con licencia de manejo, y se hacían disimuladas en cuanto a la autorización para trabajar, si es que la persona no la tenía. Para evitar ese tipo de situaciones, el gobierno estatal decidió negar la licencia a los indocumentados, de esta manera coartando sus oportunidades de obtener trabajo.

Organizaciones defensoras de los derechos de los inmigrantes, y asimismo varios legisladores estatales de origen hispano, se han opuesto fuertemente a esta ley, y continúan tratando de que sea cambiada. Es oportuno precisar que el hecho de negar la licencia de manejo a los indocumentados, no los ha podido detener de manejar, ya que transportarse es una necesidad básica e indispensable.

Tal situación ha acarreado diferentes consecuencias negativas, entre ellas la proliferación de conductores que al verse imposibilitados de obtener licencia, no pueden comprar el seguro automovilístico obligatorio. Las compañías aseguradoras requieren la licencia para poder vender una póliza de seguro. Por otro lado, una multa por no tener el seguro oscila entre $350.00 y $400.00

dólares. Así, los accidentes de auto en el que el causante huye de la escena han ido en aumento, ya que es de suponerse que una persona sin licencia ni seguro enfrentará graves problemas legales y financieros.

Esta situación ha creado un mercado negro de licencias de manejo. Uno de los fraudes más increíbles que por algún tiempo engañó la ingenuidad de cientos de indocumentados fue el de la "licencia internacional de manejo". Esta supuesta licencia era ofrecida por agencias sin escrúpulos, las cuales aseguraban que era aceptada por el gobierno estatal, y avalada por la Organización de la Naciones Unidas. Lo anterior no sólo fue un fraude desfachatado, pero también tenía un precio: $200.00 dólares o más. Estas "licencias" no podían ser utilizadas ni como identificación válida. La licencia legítima y verdadera, expedida por el Departamento de Vehículos Automotores, cuesta solamente $25.00.

La supremacía blanca y los frijoles refritos

Protesta anti-inmigrante en Carolina del Norte

El recurrente tema de la inmigración ilegal a Estados Unidos está proporcionalmente relacionado con el incesante flujo de recursos humanos proveniente de México y del resto de Latinoamérica. A lo largo del área fronteriza, y en el corazón de las grandes urbes estadounidenses, el palpitar diario de esta nación está saturado por el impacto social de la presencia de los inmigrantes hispanos.

El vendaval que impulsa hacia el norte del continente a miles de seres humanos en busca de trabajo, se transmuta en un mar imparable al cruzar la frontera sur estadounidense, y se bifurca en un río multicultural que penetra cada vereda de la comunidad norteamericana, suscitando a su paso una erosión social de inquietud, convulsión y cambio.

Evidente, sonora y de cauce impetuoso, esta marea humana inunda la geografía de Estados Unidos, y se infiltra en cada segmento del mosaico heterogéneo de esta nación de inmigrantes, que no obstante su composición multiétnica, continúa mostrando su hostilidad en contra de los recién llegados, que con su arribo y sus costumbres, alteran y amenazan la predominante corriente de la sociedad anglosajona.

La mano de obra de los inmigrantes latinos es demandada; mucho trabajo por poco dinero. Pero su presencia cotidiana en las comunidades y vecindarios es percibida por muchos anglosajones que se adhieren a la supuesta supremacía blanca, como una invasión que no están dispuestos a tolerar. Los nativos están convencidos de que los inmigrantes ilegales no son trabajadores en busca de mejores oportunidades económicas, sino unos desagradables invasores que transforman sus comunidades en zonas de pobreza, suciedad, y sobrepoblación.

El credo de la superioridad blanca no sólo enuncia la idea de que los inmigrantes hispanos son inferiores, sino también incluye una expresión provocadora contra ellos, lo cual puede llevar desde simple insultos hasta la agresión física, elementos que son definidos como "crímenes de odio". Su actitud racista los delata como unos individuos intolerantes, etnocéntricos, y propensos a formular amenazas cobardes y criminales.

En este contexto de intolerancia en contra de los inmigrantes, una de estas organizaciones de odio llamada *Council of Conservative Citizens*, cuyos miembros se definen como "patriotas", convocaron hace algún tiempo a una protesta pública en contra de los extranjeros ilegales en Dobson, Carolina del Norte, en las afueras del Palacio de Justicia del Condado Surry. En un comunicado publicado en una página de la Internet, hicieron referencia en forma despreciativa de que precisamente enfrente del Palacio de Justicia, hay tiendas mexicanas y restaurantes de "mala muerte" de frijoles refritos, y se quejan por igual de que poblados pequeños de Carolina del Norte se están convirtiendo en barrios bajos por culpa de los "invasores" hispanos.

El anuncio afirmaba que todo patriota con "agallas" debía asistir, especificando que los señores anglosajones se reunirían a comer después de la protesta. Lo que no se detalló es si los manifestantes llevarían su propia comida. De no haber sido así, quizás hayan corrido el riesgo, teniendo ya mucha hambre, de haber cruzado la calle, atraídos por el olor de la deliciosa comida mexicana, y de los frijoles refritos.

Adiós a la escuela
La deserción de estudiantes latinos en Estados Unidos

La "silla vacía" no es el título de una canción ni película mexicana, sino el fenómeno de la deserción escolar de los jóvenes de la comunidad latina en Estados Unidos. El problema es tan evidente y perturbador, que los expertos en la materia no tienen dificultad en identificar la gravedad del asunto, ni en predecir que el fenómeno de la silla vacía se convertirá en un "futuro vacío" para quienes en proporciones alarmantes dejan las aulas escolares.

La deserción escolar ya es un problema en sí misma, pero la gravedad de este asunto no sólo reside en el hecho de que los jóvenes latinos están abandonando las escuelas, sino en la impresionante proporción en que, comparativamente con la mayoría étnica predominante, están pasando a las filas de los desertores escolares. En el estado de Arizona, durante el año 2000, el 43% de los estudiantes latinos abandonó sus estudios, siendo superados con el 48% por estudiantes de las comunidades de Indios Americanos. Aún así, el impacto es mayor en la comunidad hispana, debido a que los latinos son demográficamente la minoría étnica con un mayor número de habitantes en Estados Unidos.

Este problema se ha convertido en un laberinto de respuestas y posibles soluciones. Los estudiosos aún están tratando de entender, para poder edificar sobre una base confiable, por qué la deserción afecta más a los estudiantes latinos que a los de ningún otro grupo étnico. Así, se han citado numerosas razones con las cuales mentes anglosajonas y latinas por igual tratan de explicarse los motivos por los que jóvenes hispanos son más propensos a cambiar los libros y los cuadernos por la inseguridad y el fracaso.

Las posibles causas citadas van desde culpar a los mismos padres por la falta de estímulo a sus hijos, hasta la herencia cultural que por generaciones ha marcado a miles de latinos con poca o nula educación. La hipótesis más fuerte es que la mayoría de los latinos no valoran la educación, y que su propia cultura los detiene de ser exitosos en sus estudios. Otros estudiosos de la materia citan una combinación que incluye la falta de educación contextual para latinos, la falta de tutores y buenos modelos para imitar. Los mismos estudiantes han citado algunas de estas causas, a las que le agregan la pobre condición de algunas escuelas, además del alto número de estudiantes que comparten un salón de clases, en donde la atención individual es imposible.

A pesar de lo anterior, algunas encuestas señalan que los inmigrantes latinos sí otorgan valor a la educación de sus hijos, al menos en términos teóricos, ¿Estamos hablando entonces de una contradicción? Quizás no. Mientras los padres pueden otorgar valor a la educación, esta postura no significa necesariamente que estén estimulando y motivando a sus hijos a no sólo quedarse en la escuela, sino a sobresalir y a completar sus estudios.

Para los jóvenes, sin embargo, el ejemplo de sus padres puede tener más poder que las estadísticas. La mínima o nula educación, sumada al trabajo duro, ha sido la norma con la que muchos inmigrantes, se abrieron paso en la economía estadounidense. En ese sentido, los estudiantes latinos se sienten atraídos por una fórmula más práctica: aprender el oficio del padre o la madre, comenzar a trabajar y a ganar dinero, solución a corto plazo que si bien no les asegura un futuro promisorio, sí les da resultados inmediatos.

Admitir el postulado de que a los latinos no les gusta la escuela debido a la tradición cultural, es como aceptar la realidad genética de nuestra identidad física. ¿Es hereditaria la apatía a la escuela? Si el "gene" de la deserción escolar se transmite de generación en generación de latinos, entonces el fracaso está asegurado, y la tradición cultural invalidará la oportunidad de superación en cada latino en Estados Unidos. Y mientras los expertos en el tema continúan buscando soluciones que alienten a los estudiantes a completar sus estudios, lo único cierto en un futuro incierto es que las escuelas se establecieron para personas, de cualquier grupo étnico, que ven el gran valor y la importancia de la educación.

La economía de la ignorancia
¿Caballo de Troya cultural?

Debido a que la mitad de los niños que viven en las ciudades de Tucson y Phoenix son latinos, su éxito o su fracaso académico juega un papel relevante en el presente y futuro de la economía de Arizona. Dentro de veinte años, estos niños constituirán la mitad de la fuerza laboral en este estado, situado al suroeste de la geografía estadounidense. Ante esta realidad demográfica, no es difícil imaginarse las repercusiones que el inquietante problema de la deserción escolar entre miembros de la comunidad latina traerá a la economía de este estado y otros tantos en Estados Unidos, donde la población latina continúa aumentando.

Cuando un estudiante abandona la escuela, el impacto de su decisión no sólo está restringiendo su capacidad como individuo, sino que también está limitando el potencial de su comunidad. El eco de la puerta que se cierra detrás del estudiante que deserta, reverberará con fuerza en el resto de la sociedad. Pero cuando la mitad de los estudiantes está desertando de las aulas, el futuro de una economía local está predestinado a fracasar.

Pero existe otro problema. Como entidad étnica, la deserción escolar predestina a los latinos a formar una subcultura de servidumbre en un sector de la sociedad anglosajona, que ya de antemano percibe al latino como un ser ignorante, que trabaja duro, pero que no valora la educación. No hay duda que la reputación del latino en Estados Unidos es la de un individuo trabajador, pero ese es un enunciado que preserva un estereotipo conveniente al *status quo* de la sociedad estadounidense, en donde los más estudiados son quienes gozan del fruto de las espaldas que se doblan a recoger el producto de la tierra. A la mentalidad latina del "*hard work*" —trabajo duro— se le debe agregar una mentalidad de "*smart work*" —trabajo inteligente— la cual se desarrolla a través de la preparación y el estudio, los cuales catapultan a una persona, y a un grupo social, a éxitos de mayores proporciones.

¿Puede una mentalidad apática a la educación sembrar la pobreza en el suelo de una nación rica y poderosa? Esta tesis postula la preocupación de los economistas, que ven el desprecio cultural al estudio como una exportación de la miseria característica de países latinoamericanos. De hecho, la geografía estadounidense, por sí misma, no puede aliviar la pobreza cultural respecto al valor de la educación.

Puesto que la creciente minoría latina ha pasado a ser mayor que otras minorías étnicas en Estados Unidos, como en el caso de California y otras ciudades, un estado pudiera convertirse, en muchos sentidos, en un satélite geográfico de México o de otra nación latinoamericana. Un "caballo de Troya" cultural terminaría por invadir sectores de la sociedad norteamericana, como ha sucedido en otras esferas sociales, causando fenómenos como el del "*white flight**.

Comunidades enteras de anglosajones han sido desplazadas por la ola inmigrante de latinos, quienes transforman las otrora prosperas áreas en sectores que socio-económicamente asemejan más a México que a Estados Unidos. ¿No ha sucedido eso en las grandes urbes como la Ciudad de México, en donde la población indígena del interior de la República Mexicana, imposibilitada de adaptarse y funcionar en la gran ciudad, ha trasladado y plantado pobreza dentro y fuera de esa zona urbana?

En grandes sectores de la sociedad norteamericana, en donde las minorías étnicas que se desenvuelven renuncian a la educación, la idea de que una mentalidad agnóstica al valor y al poder del aprendizaje pudiera transformar una sociedad con herencia educativa saludable en una anémica, no es inverosímil ni lejana. Ese panorama socioeconómico no sólo representa terribles dificultades para los estudiantes, sino que se traduce en una enfermedad costosa para la sociedad. De acuerdo a las estadísticas, los desertores escolares gastan menos dinero en las tiendas, en los restaurantes, y en todos los otros negocios que mantienen la economía en movimiento. También pagan menos impuestos. Un estudio calcula que Arizona pierde un millón de dólares en ganancias por cada 12 mil trabajadores que carecen de un diploma de preparatoria.

Los estudiantes que abandonan la escuela son también más propensos a depender de programas del Bienestar Social (*Welfare*), y requieren que sus tratamientos médicos sean cubiertos usando fondos públicos. Hombres y mujeres que desertaron de la preparatoria, sólo pueden aspirar a obtener empleos de poca paga, que no ofrecen seguro médico, o que no pueden sufragar debido a sus bajos sueldos. Mirando las cifras, es claro que los logros académicos de los estudiantes latinos jugarán un papel muy importante en el futuro, ya sea próspero o empobrecido, de Arizona y otras ciudades de Estados Unidos con similares características.

---

* *"White Flight"* (Vuelo del blanco), es un término sociológico o de antropología cultural que describe el fenómeno causado cuando los anglosajones abandonan sus comunidades al ver la afluencia de inmigrantes moviéndose a su territorio.

La cara del futuro
Los estudiantes y el idioma español

La lista de estudiantes de la *Carl Hayden High School* que está pegada a los vidrios de las ventanas de la oficina administrativa de la escuela, sólo confirma lo que es evidente a simple vista: la gran mayoría de los estudiantes son latinos. Otra evidencia, esta vez audible, corrobora el origen del gran número de muchachos y muchachas que acuden a esta preparatoria: son hijos de inmigrantes de Latinoamérica. El idioma español con el que se comunican entre ellos los delata.

En el último lustro de la década de los años ochenta, el estudiantado se componía de una mezcla de grupos étnicos —anglosajones, afroamericanos y méxicoamericanos— que diversificaba la demografía escolar. Era inusual que en esa época, alumnos de esta escuela con rasgos latinos hablaran en español, bien por vergüenza o por la pérdida de este idioma, por ser miembros de la segunda o tercera generación de inmigrantes en Estados Unidos. En los últimos tres años de los 80s, quienes ahora asisten a esta escuela estaban llegando a este mundo, pero como miembros de una primera generación de inmigrantes. Gradualmente, las viviendas alrededor de esta escuela en Phoenix, Arizona —circundada por la carretera Interestatal 10, las Avenidas 35 y 27, y la Calle Van Buren— y que eran habitadas por anglosajones y México-Americanos de clase media baja, fueron ocupadas por el flujo inmigrante que contribuyó con la generación que actualmente se agrupa en las aulas de la *Carl Hayden*, transformando no sólo la demografía, pero la cultura y la economía local.

Hoy, transitar por la Calle Roosevelt, o la Avenida 31 da un aspecto familiar pero esencialmente diferente. Son las mismas casas o departamentos, pero quienes viven en ellas son miembros de otros grupos étnicos. Los negocios que hace tres lustros servían a la comunidad aledaña levantaron campamento para asentarse en otras áreas. Los comercios que ahora proliferan son adecuados para los habitantes de esta zona: carnicerías, panaderías, discotecas, y otros por el estilo. Estos negocios aumentan al ritmo de la población y prosperan, porque son la oferta para la demanda; principio básico de una economía basada en la demografía.

En las aulas, los alumnos absorben el inglés de sus maestros, lo leen, lo escriben, pero entre clase y clase, las muchachas y muchachos se comunican en el español de sus padres. Nadando en esta marea lingüística, los hijos de los inmigrantes navegan con más soltura en español, su primer idioma, y la lengua de su hogar. El encuentro del español y el inglés representa una dualidad idiomática que continúa generando una población bilingüe, en la que el anglosajón que no sabe español queda en desventaja, viviendo a medias en una sociedad que, si bien dividida y compuesta por dos mitades, demanda integrarse indistintamente y con naturalidad a las dos corrientes que representan los dos idiomas.

El concepto minoritario continua presente en escuelas como *Carl Hayden High School,* donde de acuerdo a las cifras de la escuela, aproximadamente de los 2,280 alumnos que asisten, 2,100 son hispanos (91.7%), dejando al estudiantado anglo en un 4.2%, y a alumnos afro-americanos en un 2.5%. La nueva composición demográfica ha invertido los papeles, y ha redefinido cuales son las nuevas minorías. Las cifras y lo que se atestigua en el salón de clases es que la otrora minoría hispana o latina es la mayoría, dejando al estudiante anglosajón experimentando ese sentimiento que trae el ser miembro de un grupo étnico minoritario. Este hecho resulta irónico y demuestra la rapidez y el ritmo con los que la inmigración de Latinoamérica está dándole una nueva fisonomía poblacional, cultural, económica y política a Estados Unidos.

La muchedumbre de estudiantes latinos que actualmente

están estudiando en la preparatoria *Carl Hayden* se integrará en unos años a la fuerza laboral. Ellos serán, junto con otros millones de jóvenes, quienes representarán la mayoría poblacional en ciudades como Phoenix, Los Ángeles, Chicago y otras ciudades. Y serán quienes continuarán redefiniendo la cambiante cara de la Unión Americana.

---

* *Carl Hayden Community High School* abrió sus puertas en 1957. La escuela se encuentra localizada en la calle Roosevelt y la 35 Avenida, al oeste de Phoenix, Arizona, y fue nombrada en honor al senador y representante de Estados Unidos Carl T. Hayden.

Reconquista cultural latina
La cambiante demografía estadounidense

De acuerdo con cifras reveladas por el censo del año 2000, casi la mitad de las 100 ciudades más grandes de Estados Unidos tienen más habitantes asiáticos, afroamericanos, y latinos que anglosajones. Mientras algunas ciudades como Phoenix y Las Vegas experimentaron crecimiento en todas las categorías raciales y étnicas, 71 de las ciudades estadounidenses más pobladas perdieron residentes de la raza blanca. Como resultado, los anglosajones ahora son una minoría del total de la población que vive en cien de las zonas urbanas más grandes.

La causa de este giro demográfico que está cambiando la fisonomía urbana, no sólo reside en la tasa más alta de natalidad entre los inmigrantes y en la afluencia de recién llegados, sino también al abandono de las ciudades hacia los suburbios de la otrora predominante mayoría blanca. Este fenómeno ha sido analizado desde la época de la posguerra, y se le conoce como *"white flight"* (vuelo del blanco), término que se usa para describir la migración de miembros de la raza blanca fuera de áreas en las que se concentran minorías étnicas, hacia áreas suburbanas generalmente donde tratan de restablecer nuevamente su predominio demográfico.

El cambio en el balance étnico y racial de la población urbana es más que evidente, no sólo para los mismos habitantes, sino también para sociólogos y expertos en el tema. El desplazamiento de los blancos por las minorías es incuestionable, no sólo en las estadísticas y los resultados del censo, sino a simple vista.

Sectores enteros comienzan a ser transformados cuando una familia inmigrante se muda a un área predominantemente poblada por miembros de la raza blanca. Pronto, la presencia de fuereños comienza a manifestarse y a penetrar la micro-demografía del área. Quienes perciben la "invasión" cultural de los inmigrantes como algo desagradable, deciden levantar "el vuelo" y trasladarse a otras áreas, temiendo que sus casas pierdan valor ante el deterioro que la nueva cultura está trayendo que, dicho sea de paso, sí se manifiesta, especialmente en familias que exportan en su maletas culturales las malas costumbres.

El fenómeno del "*white flight*" genera a la vez que más casas sean puestas a la venta, y que familias de bajos ingresos tengan acceso a las viviendas que abandonan los dueños originales. Dentro de dos o cinco años, un barrio entero puede ser transformado en una "colonia" predominantemente minoritaria. Este escenario demográfico no es aislado, sino una manifestación en auge en muchas ciudades estadounidenses. No es difícil, pues, comprender porque las cifras reveladas por el censo muestran este cambio en la composición urbana de casi el 75 por ciento de las ciudades estadounidenses más grandes.

Este hecho es más complejo de lo que uno quisiera tener que analizar. Como ya se mencionó, desde que terminó la Segunda Guerra Mundial (1939–1945), los Estados Unidos experimentaron una transformación urbana. Eric Bickford, de la Universidad de California–Berkeley, analiza el panorama demográfico de 1946-47, y argumenta que no se puede necesariamente concluir que el "*white flight*" se genera a partir de bases puramente racistas.

Bickford introduce el concepto de la "sucesión de viviendas", en la cual residentes acaudalados abandonan pequeñas y viejas viviendas para trasladarse a habitar residencias nuevas y grandes, y que debido a eso, las áreas declinan y las propiedades se deprecian, permitiendo que familias de menores o bajos ingresos puedan habitar las unidades dejadas.

Una de las hipótesis que puede explicar más a fondo el tema del "*white flight*" —afirma Bickford— es la que implica que la migración hacia los suburbios es substancialmente afectada por el cambio en las condiciones sociales en las ciudades centrales.[1] Quienes proponen esta hipótesis, sostienen que los anglosajones deciden dejar sus zonas urbanas en respuesta al incremento en la población de miembros de grupos minoritarios indeseables, y emigrar a nuevos suburbios para adquirir un estilo de vida más homogéneo.

Uno de los argumentos a favor de esta hipótesis es la distribución de servicios gubernamentales claves, principalmente la educación. Existe evidencia en la industria de bienes raíces para sostener esta declaración, la cual elabora que muchos norteamericanos de clase media juzgan la calidad de cualquier escuela basándose principalmente en la clase de familias cuyos hijos están asistiendo predominantemente al salón de clases.

Este razonamiento deduce que familias de la raza blanca discriminan las escuelas donde hay minorías, no necesariamente a causa de prejuicios raciales, sino porque perciben como inferiores los centros educativos en donde asiste un gran número de estudiantes provenientes de familias minoritarias. Por esa razón, las familias anglosajonas prefieren inscribir a sus hijos en escuelas étnicamente homogéneas, por considerarlas superiores.

La presencia mexicana en vastas áreas de la geografía estadounidense ha sido por siglos una intrínseca realidad, aún antes de la llegada de los ingleses a las costas del continente americano. Después de la guerra entre Estados Unidos y México (1846–1848), aproximadamente 75 mil mexicanos vivían en lo que ahora son los estados de Arizona, California, Colorado, Nevada, Nuevo México, Utah, y Wyoming. Después del descubrimiento de oro en California en 1848, mineros y buscadores de riquezas se esparcieron hacia el oeste de la nación en expansión. Las diferencias raciales, religiosas, lingüísticas y culturales crearon mucho conflicto entre el pueblo mexicano y los recién llegados. A través de la discriminación y la injusticia, quienes fueran dueños del territorio perdido, se convirtieron en una mano de obra mal pagada y abusada.

En el siglo XX, los norteamericanos mismos contribuyeron a la inmigración a causa de la demanda de fuerza laboral. En periodos de escasez de obreros, Estados Unidos reclutó trabajadores y promovió la estancia y legalización de los jornaleros. De hecho, se atribuye al programa "Bracero" que tuvo lugar de 1942 a 1964, y en el que participaron aproximadamente 5 millones de mexicanos, la creación de los nexos sociales que comenzaron a impulsar la inmigración ilegal cuando el intercambio laboral terminó.

Las proyecciones de la nomenclatura cultural en Estados Unidos auguran que la población latina continuará creciendo al grado de constituirse en la minoría más numerosa en el ámbito nacional en los próximos años. Si los anglosajones siguen emigrando a los suburbios para huir de los inmigrantes, las ciudades seguirán convirtiéndose en áreas predominantemente minoritarias, lo que pudiera interpretarse como una reconquista cultural y demográfica de los mexicanos, en la misma tierra que alguna vez les perteneció.

1 "*White Flight*: The Effect of Minority Presence on Post World War II Suburbanization." Erick Bickford, University of California–Berkeley. 1997 (Cita traducida por el autor).

Elián, Cuba y la libertad
El niño náufrago, ¿futuro gobernante de Cuba?

Quizás el niño inmigrante más famoso de la historia contemporánea sea Elián González, quien sin desearlo ni sospecharlo se convirtió en el más reciente símbolo de resistencia contra el gobernante cubano Fidel Castro. Cuando Elián salió de la isla de Cuba en noviembre de 1999, apenas era un niño de seis años. Su madre, el novio de ella y otros acompañantes se lo trajeron con ellos con rumbo al estado de la Florida. La "balsa" que los trasladaría a su libertad se hundió junto con todos ellos y todas sus esperanzas. Elián sobrevivió, predestinadamente, aferrado a una cámara de llanta, rodeado —según su propio testimonio— por delfines que lo protegieron de los tiburones, hasta que fue rescatado y traído a tierra.

El caso de Elián, el pequeño náufrago, como se le conoció a este niño cubano, tomó intensos matices políticos, característicos de los refugiados cubanos. Para ellos, Elián fue un recordatorio de su propio exilio, y de su condición de víctimas del comunismo. Más de cuatro décadas atrás, muchos de estos refugiados cubanos llegaron a Estados Unidos, con o sin sus padres, siendo unos niños, como Elián. Por eso Elián es mucho más que un niño huérfano de madre, y más que un náufrago a cuya supervivencia milagrosa en el mar le han atribuido cualidades patriarcales, evocando al Moisés bíblico que fue sacado del agua para convertirse en el libertador de su pueblo. Elián les representó a estos cubanos un símbolo de libertad, y un trofeo de victoria para golpear el orgullo del viejo dictador.

El hecho de que los miembros militantes del exilio cubano hayan usado a un niño para satisfacer sus deseos egoístas de venganza, y para atizar su odio contra el viejo caballo en decadencia, fue condenable. También condenable fue el empecinamiento del mismo Fidel Castro. Y asimismo, es vergonzoso el embargo económico que Estados Unidos ha impuesto por muchos años a esta la isla. De esa manera, la desgracia de Elián se tornó en una batalla de control y orgullo entre cubanos, arbitrada por una súper potencia que ha castigado sin tregua la política comunista que convirtió a Cuba, por muchos años, en un satélite amenazante de la desaparecida Unión Soviética.

En el contexto político, la batalla de los exiliados buscaba que Elián se quedara en la Florida. El gobierno norteamericano, apegado a sus leyes, determinaría que la tutela correspondía al padre de Elián, no a la familia lejana del niño, ni mucho menos a la enfurecida comunidad cubana de la "Pequeña Habana", de Miami. El padre del pequeño náufrago llegó desde Cuba a reclamar a quien legalmente le pertenecía. Ningún novelista hubiera podido concebir tan intenso drama.

Se dijo en aquel entonces que la razón más poderosa para que Elián se hubiera quedado a vivir en Estados Unidos, era el hecho de que su madre había perdido la vida por el anhelo de que no sólo ella, pero también él, llegaran a este país donde pudieran vivir en libertad. Más tarde se conocieron detalles que revelaron que más que por la supuesta libertad, Elizabeth Brotons, la madre, escapó de la isla motivada por el amor a su novio, Lázaro Munero García, quien también murió en el fatídico viaje. Desgraciadamente ella no sobrevivió, dejando a Elián aferrado a una cámara de llanta y a la deriva en un océano de agua, y después, en mar de fanatismo y política de odio.

En estas condiciones, era mejor que Elián regresara con su progenitor a la isla de Cuba. La silla de su aula en la que se sentaba antes del trágico viaje, lo esperaba vacía. Si por designio divino Elián es el auténtico "Moisés" que los cubanos esperan, él se levantará un día de esa humilde silla de escuela para gobernar a Cuba sobre las tumbas de Castro y del comunismo. Y tal vez, como Moisés, podrá saciar el hambre y sed de libertad de una muchedumbre que le espera.

Itinerario de un náufrago
Un viaje con destino a la libertad

El siguiente eslabón en la cadena de infortunios que sufrió el niño náufrago, Elián González, se fraguó la madrugada del sábado 22 de abril del 2000, cuando agentes del Servicio Nacional de Inmigración y mariscales federales irrumpieron en la casa donde hasta ese día vivía, llevándoselo para reunirlo finalmente con su padre, quien lo esperaba ansiosamente en Washington, D.C.

Mediante una sorpresiva acción, Elián dejó de ser el más famoso residente de "La Pequeña Habana" de Miami. Por cinco meses, entre juegos y travesuras, se convirtió en el centro de la atención, y en objeto de una guerra verbal y de vergonzosas escenas que dividieron la opinión pública de la nación más poderosa del mundo, y de la pequeña isla comunista.

Antes de su insospechada travesía, Elián vivía una vida sencilla en Cárdenas, Cuba, hasta que le fue súbitamente alterada cuando su madre, sin permiso de su padre, lo embarcó junto con ella en una frágil "balsa", con un itinerario riesgoso hacia las costas de la libertad. En una marea fatídica, la barcaza naufragó; la desfavorable ruta marítima frustró su éxodo.

Elián zozobró por dos días en las aguas, asido a una cámara de llanta colocada por su madre, antes de ahogarse en su angustia final. El trágico trayecto oscureció su vida, pero se iluminó con su milagrosa supervivencia y su rescate. Ya en tierra firme, otra marea, la del resentimiento, el odio y la política, nuevamente perturbaron su vida, naufragando así en la intensa disputa por su custodia.

La experiencia en la casa de sus parientes tampoco fue refugio idóneo para una vida necesitada del amor inimitable de un padre. En medio de juguetes y regalos, fiestas y paseos, Elián fue convertido por los medios de comunicación, los políticos y abogados, la intransigencia de sus parientes, y el fanatismo y religiosidad de la comunidad de exiliados cubanos, en una preciada pieza de exhibición en un volátil museo de hostilidades y amenazas. Ahí, Elián vivió en un ambiente adverso y explotador, nada mejor que su barrio pobre en Cárdenas.

Quien se proclamó a sí mismo como su defensor, su tío-abuelo, profetizó su más reciente redención: "Si quieren a Elián, tendrán que quitármelo por la fuerza". Y fue con un impresionante despliegue de fuerza que el niño fue nuevamente rescatado por las autoridades. Ya no en una frágil balsa, sino en un avión militar, Elián fue trasladado a la siguiente estación de su peregrinaje. Padre e hijo volvieron a reunirse.

Es incierto lo que el futuro traerá para un niño cuyo destino parece estar señalado por la controversia, pero la paranoia de quienes se oponían a su regreso a Cuba no se compara al espíritu libertador que habría despertado el niño náufrago, cuya travesía representó la propia esencia del grito callado del pueblo en Cuba. La libertad volverá a la isla, porque, en palabras de Martín Luther King, Jr., "La verdad oprimida contra la tierra se levantará otra vez", y porque "ninguna mentira puede vivir para siempre".

Comercio ambulante
Mercancía sobre el asfalto

Imposibilitados de obtener empleos por falta de permiso para trabajar en Estados Unidos, decenas de inmigrantes latino-americanos han emprendido, tímida y paulatinamente, el "ambulantaje", o comercio callejero. Con la transformación demográfica de varios barrios del área metropolitana de ciudades como Phoenix, en el estado de Arizona, el flujo de inmigrantes trae consigo sus respectivas desventajas, como la falta de empleo, que se percibe en una no muy reciente, por cierto, tendencia de salir a las calles.

Sobre el concreto y el asfalto caliente de esta zona urbana de continua expansión conocida como "El Valle del Sol", hombres y mujeres salen a ofrecer diversos productos, algunos de preparación casera; otros, mercancías con el "sello" inconfundible de la creciente industria de la "piratería", o bien, aquellos tradicionales, como las paletas que llevan las neveras móviles, que al ritmo de la campanitas se desplazan ofreciendo frescura por calles y avenidas.

Individuos como María, originaria de Mazatlán y residente legal de Estados Unidos, maneja hasta Nogales, Sonora, a tres horas de camino, para recoger el camarón que le envía su mamá desde su tierra natal. Pasar la mercancía a este lado de la frontera se le dificulta a veces, ante la fundamentada sospecha de los inspectores aduanales. De vuelta en Phoenix, María divide el camarón, lo empaqueta en bolsas, y se va departamento por departamento a tocar puertas, ofreciendo el producto marítimo a un costo moderado, inferior al precio de la competencia del negocio organizado.

Por su estatus legal, María pudiera obtener empleo, pero

su esposo está en una prisión de Texas pagando una condena de más de veinte años por tráfico de drogas. Ella, por su limitado conocimiento del idioma inglés, su poca educación, y los problemas familiares, como el embarazo de su hija adolescente y el subsiguiente nacimiento del bebé, se ve limitada en su habilidad de superarse en este país. El camarón clandestino la saca mediocremente de apuros.

En la ciudad de Mesa, al este de Phoenix, la figura delgada de otro elemento de la comunidad inmigrante se desplaza alrededor de un conjunto habitacional. Empujando una carretilla en la que apila organizadamente casetes y discos compactos de cantantes populares, el muchacho lleva su "discoteca ambulante hasta la puerta de su hogar". Las cajitas no pueden disimular su apariencia "pirata"; la impresión borrosa de imágenes y texto, y el sonido de poca calidad delatan estos productos ilegales, oferta para la demanda de artículos más baratos que los originales. Puerta por puerta, el "pirata" callejero conduce con destreza su carretilla, afina su perorata, e intenta persuadir a los indecisos. Al final de su jornada, los pies le duelen y le huelen. Su carga no se aligeró, ni su bolsillo se llenó.

No muy lejos de ahí, dos mujeres recorren el estacionamiento de la tienda de comestibles *"Food City"*. Con determinación se acercan ofreciendo sus *"home-made"* tamales. Son "recién hechos en casa", dicen orgullosamente, a quienes se aprestan a subirse a sus autos. Otra mujer, en otro lado de la ciudad, abre la puerta de un negocio, y asomando la cabeza pregunta: "¿quieren 'burritos'?" —comida envuelta en tortillas de harina. O ahí está también el caso de Petra, originaria de Jalisco, que vende tortillas desde su dilapidada casa móvil. A su puerta llega un inspector, que amenazante confronta a María, su hija —que sí entiende inglés— exigiéndole que le diga a su mamá que no puede estar vendiendo tortillas, que está prohibido, y que, "la próxima vez", la va a multar. Y afuera de una mueblería, un joven de despeinada melena, vendedor de chicharrones y otras frituras de harina, para de leer su historieta para atender a una mujer, cliente frecuente, que llega en su carro hasta su "puesto" —una bicicleta— a comprarle un antojito rociado con salsa picante y limón.

En México y el resto de Latinoamérica, la habitual presencia de este comercio ambulante no llama la atención: es parte del paisaje, de la idiosincrasia, de la cultura y del folklore. En Estados Unidos, en contraste, los vendedores callejeros son aún percibidos con cierta extrañeza y rechazo por los nativos, a pesar de que los comerciantes operan exclusivamente en áreas que están "económicamente en desventaja", para llamarlas con el término políticamente correcto. La economía ambulante se constituye así en el resultado directo de la demografía de esas áreas. En estas colonias de inmigrantes —ya sean mexicanos, salvadoreños, hondureños o guatemaltecos— es en donde los miembros de esta marginada economía viven y ofrecen sus servicios a los residentes de sus mismos barrios.

Lo novedad de este fenómeno reside en el aumento de este tipo de vendedores ambulantes. Más y más de ellos se ven en puestos estratégicos, en donde peatones con rumbo a los supermercados, las panaderías, las tiendas de productos usados, se ven obligados a caminar a su lado. Ahí, con ojos ansiosos, con gritos de mercadeo, y a veces casi irresistibles aromas de comida, la industria del ambulantaje prospera, dibujando escenas cotidianas propias de algún rincón de México, Centro o Sudamérica.

Sólo después de que el humo blanco que emana de un asador de elotes en la calle se disipa, se divisa a lo lejos en una esquina la bandera de Estados Unidos, izada en un asta dentro del lote de venta de autos usados. Al ondear ligeramente, parece recordarle a la gente que este punto de la geografía no está en Latinoamérica, sino en el suroeste norteamericano, en territorio, predio, y tierra apropiada por el Tío Sam.

Los indocumentados en Estados Unidos, productos reciclados
Consumidos y consumidores

Miles de ciudadanos estadounidenses celebran las continuas derrotas en la lucha por una traqueteada y quimérica reforma migratoria como un triunfo a sus ideales patriotas. Aplauden la decisión de mantener a todo un pueblo de millones de habitantes en la ilegalidad que cargan en sus mochilas desde que cruzaron —ayer o hace veinte años— la frontera sin papeles.

Quizás muchos, con su aplauso, piensan que la situación de la inmigración indocumentada en Estados Unidos ahora sí va a remediarse, y que cerrando la puerta a una opción de repararla va a soslayarse la presencia de lo que se estima, conservadoramente, son más de 12 millones de gente que no tiene papeles.

Mientras usted lee estas palabras, en la zozobra y la clandestinidad de la herida territorial que mal llamamos frontera, se escabullen decenas, cientos de inmigrantes con la expectativa de infiltrase en la economía norteamericana que atrae como un imán la pobreza latinoamericana. Exactamente como lo hicieron muchos de los que ya están conectados a las ubres de la vaca que alimenta con dólares a millones en este país y en muchos otros. El dólar así se desparrama, traducido en monedas nativas que llevan alivio momentáneo a comarcas famélicas, áridas de bonanza.

Mientras usted continúa leyendo, millones —m-i-l-l-o-n-e-s— de trabajadores, hombres y mujeres, se levantan con diligencia a trabajar, sí, sin papeles, en todo tipo de trabajos buenos, malos y peores. Excepto en raras ocasiones, la gran mayoría son diestros y leales obreros que con orgullo desempeñan sus labores.

Viven, además, con la incertidumbre de que cualquier día las autoridades migratorias los cerquen en sus lugares de empleo, y salgan por la puerta de su lugar de trabajo por la que entraron con las manos esposadas, rumbo a un centro de detención, y luego, a ser deportados, o sacados "voluntariamente", y devueltos de nuevo a su patria, a la que casi siempre encuentran peor de como la dejaron.

Los que se regocijan que estos "ilegales" sigan viviendo así, poco entienden más allá de su cerrazón y de su ingenuidad. Sueñan —sueñan de verdad— con un Estados Unidos sin indocumentados, sin gente que trabaje y les sirva enfrente de sus mismas narices sin un documento que se los autorice.

Algunos, no todos, son racistas incurables que hoy escupen al inmigrante latinoamericano el odio y desprecio que ayer salivaban contra el ciudadano de raza negra. Otros son compasivos pero dicen, y afirman que así se debe mantener, que este país es un país de leyes, que el indocumentado, con el simple acto de cruzar sin visa ni permiso, ya infringió quién sabe cuántas leyes, y que a todos se les debe deportar.

Desde el punto de vista mercantil e inhospitalario, el inmigrante es un producto en la poderosa infraestructura socioeconómica estadounidense; producto barato, producto módico, producto rebajado, producto asequible y producto de ocasión. Producto en la línea de ensamblaje que cumple un propósito básico de oferta y de demanda, y que operacionalmente encaja en un plan estratégico de bajo costo y amplia ganancia.

El trabajador al que se le restringe de los básicos, fundamentales e inherentes derechos laborales, es un obrero esclavizado sujeto a bajos salarios, a nulos beneficios, y a la fragilidad de su habilidad de mantener su empleo. Un producto sujeto al abuso, al despido, a la amenaza y al condicionamiento. Un producto reemplazable y desechable, al fin, es el obrero, la trabajadora doméstica, el albañil, el carnicero, la niñera, el jardinero, la ensambladora, la preparadora de comida, todos y todas quienes viven en la orilla de un precipicio laboral, con el temor de ser despedidos, acosadas sexualmente, robados de su paga, y detectados por "la migra" y retachados como criminales de donde vinieron.

Pero es el inmigrante indocumentado, además de un producto al que se le paga poco y se le exprime mucho, también un gran consumidor. El inmigrante con o sin papeles compra carros, y la gasolina y refacciones para moverlos. El indocumentado compra comida, vestido, renta casas y departamentos. Consume productos —productos como él y ella mismos— de toda clase y tipo, asistiendo a festivales donde, no podía faltar, la diversión, la música y el baile; la industria del entretenimiento que devora fácil e insaciablemente el dinero ganado por ellos con mucho sudor y esfuerzo. Por tanto, muchos ven al inmigrante como un producto de consumo que consume, consume y consume, y que de tanto consumir productos termina siendo un producto consumido.

Materia prima es, desde luego, también el inmigrante en el perverso mercado negro del tráfico de indocumentados. Producto de consumo para el traficante de seres humanos es el caminante de México y Latinoamérica. Ambos, traficante e inmigrante, se apalabran y se enfrascan a lo largo de la frontera en tratos infames y deshumanos, donde la dignidad humana se cambia por un cruce fronterizo, el honor por un pase al otro lado, y la vida por un sueño-pesadilla.

Paisanos o no, hombres o mujeres, niños o ancianos, todos pasan por la "ética profesional" del "coyote" fronterizo, quien con su altamente desarrollado sentido del olfato detecta a su presa, que a veces devora cual carroña. El ser humano comienza a dejar de serlo cuando en los ojos voraces de un "coyote" se convierte en un producto de mercado, mercado negro, mercado violento, mercado de seres humanos.

Y así es que, mientras usted termina de leer estas palabras, muchos ciudadanos estadounidenses "celebran" su propia penitencia de seguir permitiendo que estos millones de personas sigan en sus medios sin papeles, sin licencias de manejo, sin identificaciones oficiales. Continúan aplaudiendo las intensas y diarias deportaciones de indocumentados, sin ponerse a contar que en similar proporción como los sacan, así entran de nuevo, unos estrenándose como novicios inmigrantes, y otros ufanándose de ser veteranos del cruce fronterizo.

Quienes vivimos la dicotomía y la doble moral de un país que queda en evidencia, sabemos que el inmigrante es bienvenido, soslayado, tolerado, usado, abusado, explotado, siempre y cuando no quiera dejar de ser ese producto del capitalismo que ruge y exige mano de obra barata. Mientras no se crea un ser humano con derechos, libertades y garantías, el inmigrante indocumentado no pasará de moda, aunque no sea más que un producto reciclado.

Mercado de trabajadores
¿De albañiles a ingenieros?

Con frecuencia, analistas de política y economía tunden sus teclados para opinar acerca de la situación migratoria de los miles de hombres y mujeres que trabajan sin autorización en Estados Unidos. El tema justifica editoriales y artículos en cientos de publicaciones, y la mayoría de estos informes coinciden en señalar que los planes de los gobiernos no reúnen todas las garantías individuales y laborales que sean dignas e igualitarias para el trabajador.

El registro histórico parecer ser insuficiente e ignorado para entender que Estados Unidos busca la denodada labor del trabajador trasnacional, pero no al trabajador en sí mismo. Algunos analistas "descubren el hilo negro" al decir que Estados Unidos necesita la mano de obra, verdad obvia y evidente, innegable para aquellos quienes aún sobreviven y forman parte de la generación del programa "Bracero". De estos hombres querían sus brazos, no su cuerpo completo, ni su bienestar, ni su legalización permanente.

Para las nuevas generaciones de emigrantes, la fórmula del gobierno de la Casa Blanca no difiere mucho del patrón histórico. La mano de obra es requerida y condicionada a manera de que la explotación laboral cumpla su propósito. El trabajador, el obrero, el jornalero, la lavaplatos, la mucama, o la vendedora de tamales clandestinos en los "*parking lots*" de los supermercados, no pasan de ser sólo productos del mercado laboral, en donde la economía —oferta y demanda— todavía retribuye con buenos empleos a la persona educada con títulos universitarios, a la capacitada y entrenada para suplir la demanda de habilidades técnicas. La inmigración no transforma albañiles en ingenieros, ni a desposeídos campesinos en ingenieros agrónomos. El trabajador desplazado de su tierra natal, sea México, Honduras, Colombia, o Cuba, está maldecido doblemente, sin poder sustentar sus necesidades más básicas de supervivencia en su patria, y siendo un paria destinado a desempeñar trabajos serviles en la economía estadounidense. Su país natal y el de su exilio económico le han fallado.

Los nativos que emigran desde sus países se transforman en trabajadores extranjeros necesitados pero despreciados. Con ciertas excepciones, y a menos que el inmigrante sea un austriaco de apellido Schwarzenegger, los papeles de la película de la economía estadounidense no cambian, ni su libreto. La prosperidad aún está ligada a la educación, a las habilidades competentes que son solicitadas por los empleadores, que compensan con sueldos de quince o veinte dólares por hora de trabajo, pero no en base a la necesidad o la pobreza. La clase social que el obrero provisorio anhela no la tiene ni en su país de origen, mucho menos en la patria adoptada, donde las clases sociales no son de otro mundo, sino el reflejo de toda sociedad capitalista.

Casas modestas y lujosas, almacenes, campos de golf, y hoteles seguirán siendo obras de artesanos extranjeros, de jornaleros trasnacionales que a la sombra de la ilegalidad viven y sobreviven. Ellos saben que un dólar todavía vale más que su moneda nativa, y que sustentar a sus familias a la distancia es posible. También saben que en el contexto de la economía de Estados Unidos, el patrón se pasa de listo, pero aún así, sus remesas sostienen a la economía empobrecida de su familia y de su patria.

La cultura de la frontera
La frontera de la cultura

La frontera que divide a Estados Unidos y a México continúa desvaneciéndose, demográficamente hablando, día a día. La ola de la migración humana sigue fusionando las aguas de ambos lados de la línea divisoria, convirtiendo así a dos países, a dos lenguas, y a dos pueblos, en una sola entidad multicultural y diversa. La frontera política-geográfica permanece ahí, recordándole a los seres humanos que en los mapas, las pequeñas líneas de colores fragmentan su panorama y su imaginación, y le limitan su libre movimiento en busca de mejores horizontes. Sobre el terreno real, en cambio, la frontera se desdibuja a pesar de cercas, alambradas y muros que intentan frenar y bloquear, sólo para terminar siendo traspasadas por los zapatos y el anhelo del caminante.

La cultura de la frontera nos llama a reflexionar acerca de la frontera de la cultura. Esta parece extenderse como la presencia del ser humano se extiende sobre la superficie terrestre. La frontera de la cultura es traspasada y transmutada por igual, y avanza buscando nuevos horizontes. De esta manera, vivir en el área fronteriza es coexistir en dos mundos. Dos mundos que de tanto encontrarse forjan una sola realidad y una identidad propia, al igual que piedras de colores forman un mosaico. Al mismo tiempo, una cultura fronteriza con características peculiares emerge. Las diferencias se homogenizan; las similitudes discrepan entre sí. La nueva cultura reinventa así la demografía, y transforma el semblante de dos naciones.

Almas en dispersión buscan comarcas nuevas, acarreando con ellas más que valijas y sueños sobre sus espaldas. Con ellas traen también tradiciones que pesan sobre su consciencia y sus hombros, y semillas peregrinas que siembran en suelos forasteros. El inmigrante altera la lingüística, la geografía y la demografía del país al que llega. Incita el cambio, provoca el choque cultural, desplaza estereotipos, religiones y costumbres. Nuevas simetrías culturales inéditas se forman como un calidoscopio demográfico-cultural. En esta metamorfosis social que engendra nuevos ADN para el tercer milenio, nativismo y extranjerismo se mezclan. Así nace una novo-cultura, brota como un retoño de culturas milenarias, y crea y procrea nuevos seres.

La cultura de la frontera y la frontera de la cultura borran así los linderos antiguos, y predicen el futuro. El diccionario telúrico verá verbos y significados alterarse; nuevas vocales, nacientes consonantes, vocablos incipientes articularán el tiempo venidero. Seres que brotan de nuestras entrañas vivirán el significado de su propia existencia, destinándonos a nosotros a la indiferencia. Sus labios hablarán otro lenguaje que no sabrá pronunciar nuestros nombres, y sus pies pisarán el polvo de lo que alguna vez fuimos. Algún día verán en una foto digital, caduca para entonces, nuestro semblante anticuado, demacrado por un sepia futurista.

El inmigrante continuará heredando la tierra. Su audacia y su necesidad fundarán nuevas ciudades, delineará nuevos límites, erigirá cercas para su heredad. Su moneda existencial pagará el precio de la supervivencia. Dejará comarcas infértiles para sembrar promesas en tierras fecundas, pero distantes. Las actuales fronteras terrestres y culturales desaparecerán como se desvanece nuestra sombra, cuando el sol de nuestra vida terrenal se haya extinguido, y nuestra voz no sea más que un silencio en sordina.

Vidas en movimiento
Éxodo de inmigrantes

Por aire y tierra sobre la vasta geografía estadounidense, cientos de miles de inmigrantes latinoamericanos se encaminan hacia sus respectivos países, justo antes que la nostalgia por el terruño los invada, y vientos extranjeros agiten su añoranza. La Navidad y el año nuevo les impulsan a suscitar un éxodo multitudinario hacia la tierra lejana. Así, manejando por rutas terrestres, o sentados en un el asiento de un avión, el ansia de respirar vientos nativos les invade. En la cajuela del auto o la camioneta, o en el compartimiento del equipaje del avión, sus henchidas maletas cargan pedazos de prosperidad norteamericana, arrancados con el sudor de su denuedo. Y en sus carteras, los dólares ganados en la jornada diaria se multiplicarán en monedas nativas, justificarán su prolongada ausencia, y pintarán de verde sus comarcas empobrecidas.

Durante meses, sus espaldas se doblaron trabajando bajo la sombra de la legalidad. Otras más, escabulléndose por túneles de ilegalidad, sin documentos, donde la denodada labor de estos hombres y mujeres de manos curtidas es demandada por quienes lucran con su mano de obra barata. Trabajos que aseguran son despreciados por otros, ya por sus largas jornadas, ya por su poca paga, o por la carencia de prestaciones laborales. Pero el dólar está ahí, listo para ser arrebatado por esas manos disponibles y dispuestas, y enviado cual saeta a la familia en la ciudad, el pueblo, o la comarca. Dar en el blanco es vital; la flecha llevará buenas noticias desde el extranjero, abrirá surcos, levantará muros, alimentará el estomago austero.

El inmigrante que vuelve a su terruño y divisa su bandera

nacional vibra en silencio. Su lengua practica en el trayecto la palabrita, o palabrota, aprendida en inglés, no para presumir en el rancho, pero enseñar al paisano la supuesta habilidad lingüística y vital en la economía estadounidense. Aunque su acento lo delate en cada ola de la marea de razas y etnias que si dominan el idioma mundial de los negocios. "¡Mi muchacho, mi muchacha (¿orgullo trasnacional?), ya sabes hablar inglés!" Pero en el país de origen, ¿quién sabrá si la pronunciación es correcta? O si regresa en carro con placas de Estados Unidos, llamar la atención será fácil, aunque el orgullo parpadeé al recordar que emprendió la vacación sin dar la mensualidad del auto.

"Bienvenido paisano, eres el héroe institucional. Qué fuga de cerebros ni qué nada. Antes de llegar, tus envíos de dinero fortalecieron a la economía nacional. Eres satélite internacional que mitiga la pobreza de la patria, que te necesita, sí, pero allá, bien lejos, porque aquí no te pudimos emplear. Bienvenida paisana, heroína de la vecindad. Eres gloria de toda una ciudad, pues nos ayudas desde la tierra de la libertad". La retórica oficial condecora así al ausente, le aplaude por su esfuerzo a larga distancia, y le refrenda su compromiso consular. "Bienvenidos paisanos".

En su peregrinación de regreso, el inmigrante se persigna en la capilla de San Toribio Romo, santo de los inmigrantes, y da una tregua pasajera a su entregada labor. Mira su región, respira la geografía nativa, y se pregunta por qué la prosperidad tiene que estar tan lejos, donde la familia es sólo una voz en el teléfono de una llamada hecha con *"calling card"*, que ofrece más minutos que esperanzas y vida. O es la familia una foto en la pared, una dirección en el telegrama de dinero, o un mensaje callado de *e-mail*. Pero ahora en su lugar de origen, al menos momentáneamente, la familia es de carne y hueso, el abrazo, real. Los olores y los matices tradicionales son en vivo, a todo sabor y color, no pintados en un mural de en un barrio pobre de alguna ciudad de Estados Unidos.

Y después el adiós, las lágrimas, las maletas semivacías. A lo lejos, el inmigrante divisa la otra bandera: cincuenta estrellas, trece franjas, *star spangled* banner. El oficial de inmigración les da la bienvenida con sus preguntas capciosas a los niños. El nombre de la calle ya no es el del héroe latinoamericano, tal vez sea la "Van Buren", la "Jefferson" o la "24th Street". El restaurante de *Authentic Mexican Food* le hará llorar, pero de risa. El lunes por la mañana se reintegrará de nuevo a la rutina, al trabajo, a la economía que le sustenta aquí, y a la prole allá, en la ciudad, el pueblo, la ranchería, en el puntito del mapa, en la latitud de la nostalgia. *Welcome back to the United States!*

Reflexiones fronterizas
Regreso a la suave patria

Los inmigrantes provenientes de América Latina que se adentran en territorio estadounidense en busca de trabajo, no siempre ven sus esperanzas cumplirse. Los planes de estas almas son arrastrados por la corriente cultural en la tierra de su peregrinaje, limitando no sólo sus oportunidades laborales, pero también las ilusiones de prosperar con las que levantaron el vuelo desde sus comarcas, hacia un firmamento lejano donde el trabajo no es una garantía ni para el ciudadano de este país.

Las aspiraciones de estos hombres y mujeres de amplios anhelos y reducidas realidades, se enredan en una telaraña sociocultural que les impide cumplir con su agenda laboral, ni les deja sembrar su semilla nativa en una tierra que no es, ni de lejos, prometida. Prometida, sí, fue la remesa para comprar víveres y poner alimentos en la mesa, que espera vacía sobre el piso de la casita humilde, la cual enfrenta sin tregua una tormenta de pobreza que aflige a la familia en la ciudad, el pueblo, el rancho.

El cambio no llega ni en el México del Señor Calderón ni en los *United States* de *Mister* Obama. Paradoja binacional, contrasentido bicultural, absurdo transnacional que no mitiga el hambre, ni cambia el aspecto de la fachada de una frontera que de un lado empuja y del otro restringe. Contrasentido que aprisiona al caminante pared contra pared, como a un condenado a muerte en una celda de extrema seguridad, en un féretro de extremaunción, y que lo encierra en dos economías vecinas que conciben pobreza y riqueza, y que malparen a dos hermanas de un mismo continente, una bastarda y otra legítima. En la polvareda de un éxodo forzado, el inmigrante se convierte en un espantapájaros que inmóvil trata de ahuyentar su ayuno, pero a quien se clava en la tierra para hacer un trabajo indispensable, pero inadmisible.

Quien se trasplanta en suelo estadounidense busca un banquete pero encuentra migajas. Fragmentos de la gula tecnológica, de la bonanza digital, que no lo dejan morir ni vivir, y lo condenan a un limbo fronterizo por no ser merecedor del cielo extranjero ni del infierno nativo. ¿Hallarán estas almas inmigrantes la redención al "pecado" de su pobreza? ¿Perdonará su comarca al hijo que desertó de las filas de su menesteroso ejército? ¿A la hija que abandonó el comal donde quedó vacía la última olla de barro? ¿Refrescará el progreso a sus pies caminantes, el auge a sus labios partidos? ¿Levantará vuelo el águila después de haber devorado a la serpiente?

En su pupila derecha el inmigrante refleja su bandera nacional; en la izquierda, ondean trece franjas, cincuenta estrellas. Su visión le hace desvariar en un oasis que le presenta una situación momentánea de sosiego. Pero al cerrar sus ojos, aparece su familia como un espanto; su esposa y sus hijos se convierten en quimera. El alarido de la pobreza recorre la herida territorial que llaman frontera, eco lastimoso que apenas perciben dos naciones de oídos sordos, hasta que se pierde en el remolino de su realidad cotidiana que convoca a otra jornada de escasas probabilidades, o al desdichado final de su camino.

Los presidentes de dos naciones sueñan sus propias fantasías: que hoy se abra la frontera; que mañana se cierre. Que se dé una amnistía a quien los límites quebranta; que no se le absuelva. Imperturbable, el peregrino continuará su marcha, vislumbrará el horizonte, doblará la espalda, y ofrecerá su esforzada labor. O quedará en el camino con su brújula extraviada, su empeño malogrado, su identidad perdida. Se levantará una cruz en su memoria; se clavará en el muro fronterizo. Se buscará a sus deudos, que aún lo esperan, o al menos su póstuma remesa, que llegará hoy o mañana.

Vientos lejanos devolverán su cuerpo a su comarca, donde manos nativas enterrarán su valor, su esfuerzo, y su denuedo. La viuda y los huérfanos dirán una oración a su héroe muerto, y ataviarán su tumba con cempasúchil, lágrimas y velas.

Acerca del autor

Eduardo Barraza es periodista, fotógrafo y escritor mexicano enfocado en temas sociales. Es fundador y director del *Hispanic Institute of Social Issues* y editor de la revista en-línea Barriozona. Radica en Arizona, Estados Unidos.